明治大正人物列伝

中井けやき

百年書房

明治大正人物列伝66

目次

初出：けやきのブログⅡ記事 2013.9.7〜2014.12.27

明治大正人物列伝66

グーテンベルクの活版印刷

　大学の夏休み、通信生はスクーリングで忙しい。大学図書館を利用したくて再び通信教育生になった。大学図書館は宝の山、近ごろ一般人でも閲覧させてもらえるシステム、学校もあるが、Ｋ大学は不可なので入学した。その甲斐あって探し物、資料は見つかったが、納入学費がつきる来年３月まで履修することにして、「図書館・情報学」と「日本政治史」をとった。未知の事が知れ視野も広がるとはいえ、この猛暑にご苦労、物好きだと自分でも思う。

　さて、読書好きにとって本はよい友だちだが、本の物理的な面、形態や素材、歴史など考えたことがない。「図書館・情報学」はその方面を網羅するばかりでなく、著作権や年代、社会にまで踏み込んでいて思っていたより興味深かった。しかし、にわか勉強ではこなしきれず纏められないので、一部分だけ書いてみる。

　今、活字離れがいわれて久しいが新刊本は年間７万冊以上、そのうえ電子書籍も登場、紙の本は運命いかにの状況だ。

　その本、歴史を遠く遡ると素材は、粘土板、石、金属、絹、木、パピルス、獣皮、紙などさまざま。授業でパピルス（エジプトみやげ）を触らせてもらったがパリッとして、紙のしなやかさはない。綴じて冊子にするのではなく、巻物にしたことが納得できる。

　２世紀に中国の蔡倫（中国、後漢の宦官）が、紙の製造方法を改良、和帝に献上したのが紙の始まりと言われる。日本へは７世紀初め製紙法が伝わり和紙に発展した。

　西洋へ紙が伝わったのは、751年、イスラムと唐のタラス河畔の戦による。唐の捕虜から製紙技術がサラセン帝国に伝播したのである。その後スペイン、12世紀末にはヨーロッパ各地に伝播、王侯貴族がパトロンとなって写本が作られた。

　1455年頃にドイツ・マインツ市のヨハン・グーテンベルクが印刷機を発

明。火薬・羅針盤とならび世界3大発明の一つといわれる。

　印刷術の発明により、それまでの写本時代より書物が大量に（200〜500部）作られるようになり識字率の向上にも役だった。

　西洋最初の活版印刷、『グーテンベルク42行聖書』は上下2巻で1セット。1頁が40×30cmと大きく、7kgもあり重い。48部が現存し、うち12部は羊皮紙の豪華版である。慶應大学図書館に紙の本、上巻一冊がある。

　ちなみに、グーテンベルク聖書を最初にみた日本人は、福澤諭吉ともいう。

　1862文久2年8月25日、ロシアのサンクト・ペテルブルグ国立国会図書館の訪問者名簿にサインが残されている。

　48部の聖書は印刷物であっても素材、装飾、製本、印刷文にも違いがあり、同じ本はない。当時、本を買うと「印刷した紙の束」で渡され、それを個個に装幀を職人に依頼したから同じ物がないのだ。

　本の中身、本編についても、別紙で渡される見出し文を本文冒頭に書き写す方式であったから、ついでに書き込み、彩色を施す、或いは何もしなかったりと一冊一冊みな違ってくる。

　こうして作られた本（おもに聖書）は家が買えるほど高価で、買えるのは貴族や大きな修道院に限られた。貴重な本は、個人が所有して黙読するものではなく、音読が普通だった。音読する者を囲んで聞く光景を描いた中世の絵画を見たことがある。

　黙読していると何を読んでいるか解らないので異端の書を読んでると疑われ、また女子の読書も警戒された。

　そのような中世の写本、印刷本の写真をみると、横文字が、切れ目なしにびっしり繋がっている。西洋中世の人と雖もこれで読めたのかなと思うが、ラテン語が分かる聖職者たちは不自由なく読めた。

　しかし時移り、読者層も広がり、本の形式や機能（空白、改行など）がふえ、木版による挿絵を入れたり新しい手法がとりいれられ現在の形へと至る。

また本の種類も増えて、挿絵を取り入れ図版を含んだ科学書、ギリシャ・ラテンの古典など刊行された。

　初期刊本の言語。

　1470年（将軍・足利義政の時代）、活版印刷が盛んなグーテンベルクの生地マインツで反乱が起き、印刷職人が各地に散らばった。

　すると、それまでラテン語がほとんどだった本が、その土地の言語（オランダ、ドイツ、イギリス、フランス他）で出版されるようになった。書体も増え、ルネサンスの人文主義者たちはグーテンベルクのゴシック書体を嫌ってローマン書体の活字を用いて出版した。

　ちなみに、印刷所で活字を拾う職人は形で活字を拾えたから、文字が読めなくても仕事ができた。

　初期の刊本には著作者や出版、製作年代など今の奥付・刊記にあたるものはなく、それら本をとりまく広範囲の研究がある。グーテンベルク聖書にもグーテンベルクの名はない。

　それを特定できたのは、グーテンベルクとフストの裁判記録、ピッコローニ（のち教皇）の手紙、装飾職人がいれた日付など、さまざまな研究からである。

2013.09.07 ─────────────────────────────

天田愚庵と清水次郎長と山岡鉄舟

　グーテンベルクの次は清水次郎長、なんとも脈絡がない。この自由気ままが"けやき流"。それでも今回はなるべく福島・宮城・岩手方面をという思いに立ち返り、福島県生まれの明治の歌人、天田愚庵を見つけた。その波乱の人生に関わった人間は多く有名人も多いが、放浪の青年を導いた山岡鉄舟と清水の次郎長を紹介したい。

清水次郎長

　1820文政３年、駿河国有渡郡清水港（静岡県）で生まれる。本名山本長五郎。

　父は廻船問屋、母の弟米問屋山本家の養子になる。

　侠客兼博奕打の親分。黒駒勝蔵との抗争は有名。

　1868慶應４年、戊辰・函館戦争後、幕府脱走の咸臨丸が清水港で戦い敗れると、旧幕兵の死骸が海に漂う。これを目にした次郎長は
「死ねば仏だ。仏に官軍も賊軍もあるものか。もしお咎めを蒙ったら此の次郎長は喜んで刑罰を受ける」と遺骸を葬って「壮士の墓」を建てた。軍神・広瀬中佐も候補生時代から次郎長に親しみ交わった。

　1874明治７年、山岡鉄舟などのすすめで囚人を使役して富士の裾野を開墾したり、清水の発展に尽力した。

　1893明治26年、死去。

山岡鉄太郎（やまおか　てつたろう）

　1836天保７年、江戸で生まれる。旗本・小野朝右衛門の子。号は鉄舟。

　山岡家を継ぐ。千葉周作の門に入り、のち道場を設立。

　幕府講武所剣術心得、浪士取締役となる。官軍が江戸に迫るや西郷隆盛と勝海舟の会談を周旋、江戸城明渡しへ道を開いた。

　維新後は明治天皇の侍従などをつとめた。

　1888明治21年、死去。

天田　愚庵（あまだ　ぐあん）

　1854安政元年、磐城国（福島県）で生まれる。本名・五郎のち剃髪し鉄眼。

　父は磐城平藩士・歌人。その歌は万葉調で力強い。

　平藩は戊辰戦争で幕軍側についた。15歳の五郎（愚庵）も兄と籠城したが戦い敗れ落城。家に帰ると父母と妹は行方不明になっていた。以来、

20年も行方を尋ねて流浪する。

　1871明治4年、五郎は学友と上京。

　駿河台ニコライの神学校に入学するもなじめず、世話する人があって国士の間で重きをなしていた小池詳敬の食客となった。五郎は小池に従い東海道から九州中国の果てまでも旅したが、父母妹は見つからなかった。

　またその頃、落合直亮（落合直文の父）に国学を学び、丸山左楽（明治の政治家）とも交流、山岡鉄舟には禅学をうけた。これらの人達に教えを受けた事は五郎に幸いした。

　1878明治11年、西南戦争の余波で不穏な空気が漂っていた。

　五郎も政府に反する土佐派から「一働きしよう」と持ちかけられ東京を飛び出した。心配した鉄舟は五郎の友人に手紙を托し、静岡に呼び寄せた。鉄舟が五郎を叱っている折も折、清水次郎長がやって来た。そこで、鉄舟は次郎長に言った。

　「親方よ我今汝に預くべき物こそあれ、此の眉毛太き痴者をば暫く手元に預かりくれよ、尻焼猿の事なれば、山に置くもよかるべし」といえば、次郎長もさる者その意を察し、

　「畏まって候、屹度預かる上はお気遣いあるな、併し余りに狂い候はば、その時は胴切りに切り離し候ほどの事はあれかし」など戯れて、その座より五郎は次郎長に伴われて清水港の宅に至りけり。

　鉄舟は次郎長の縄張りと義侠で五郎の父母妹を捜索できると考えたのだ。

　こうして東海道の侠客次郎長に託された天田五郎を子分らは「五郎さん」と呼び親しみ、五郎の立派な書に感心するも、まだ歌は詠まず、後に名を成すとは思わなかった。

　1879明治12年、五郎は帰郷して兄と相談、諸新聞へ父母妹捜索の広告を出す。

　また、東京浅草の江崎礼二の内弟子となって写真術を習った。旅回りの写真屋となり伊豆から駿遠甲信、更に奥州までも巡り父母妹を捜したが、見つからなかった。

1882明治15年、五郎は清水港に帰って次郎長の養子「山本五郎」になり、東海道の宿場で多勢のならず者を相手に茶碗酒を飲む身となった。次郎長の風格は五郎をひきつけ、次郎長の人間性は五郎の肉付けとなった。

　この年、五郎は次郎長の富士の裾野の開墾事業の監督をする。この開墾は次郎長が多くの子分共に産業の道を開いてやるために計画したものだったが、もともと放縦な暮らしになれた博徒達を指揮するのだから能率はあがらなかった。前後3年、苦心の経営はついに実らなかった。

　1884明治17年、五郎は旧姓「天田」に復す。

　次郎長の伝記『東海遊侠伝』を鉄眉の号で著す。

　また、五郎は自身の半生を記した「血写経」を陸羯南（ジャーナリスト・新聞「日本」創刊）に送った。それを饗庭篁村（小説家・劇評家）が書き改め、『日本』に連載した。

　五郎の父母妹捜索は、遠く台湾、冬の北海道で肺病になり東京へ送り帰されたりもあった20年余、しかしついに打ち切ることにして、大阪の新聞社に入る。

　1885明治18年、内外新報社の幹事として大阪に行くことになった五郎は鉄舟の元へ暇乞いに行った。鉄舟は五郎に一通の書を与え、つぎのように諭した。

　──「御身大阪に行かば西京は程近し、天竜寺の滴水禅師は世にかくれなき禅門の大徳にて、我がためにも悟道の師なり。汝事業の余暇には必ず参禅して心力を練り給へ、若し一旦豁然として大悟する事あらば、死したる父母にも座ながら対面すべし、汝が捜索の労つとめたりといへども其効なければ、今は早や外に向かって其跡をたづねんより内にかへつて其人を見るに若かざるべし」と。

　大阪へ赴いた五郎はさっそく京都の禅師を訪れて参禅、これが出家の機縁となる。

　1887明治20年、五郎は得度をうけて剃髪、鉄眼と称し京都林休寺に入って禅師に仕る。

1892明治25年、鉄眼こと五郎は京都清水に庵を営み、師より賜った偈の一文字をとって愚庵と称した。以来、各地を旅し父母の菩提を弔い、正岡子規をはじめ当代の文人と交わり風月を友とした。

　愚庵の残した漢詩・和歌・書・文はどれも独自の風があり、なかでも和歌は万葉調で自然を対象としたもの、父母を懐かしんだものによいものがある。ほかに日露開戦論者だったので、時の政府の軟弱を怒る「童謡20首」がある。愚庵の歌について斎藤茂吉の評は

───愚庵の歌は良寛の歌に比して、少し躁急であり粗笨（そほん）である。……しかし強く推してゆくところは愚庵の歌に多く見当たる。

　1904明治37年1月17日、死去。

　伏見桃山の庵で、妻もなく子もなき、変転きわまりない生涯を閉じた。

　著作『愚庵全集』1934。

　参考：『福島県立図書館叢書．第9輯』1939／『現代日本文学大事典』明治書院／『国語・学習指導の研究．巻4』岩波書店1939／『懐かしき人々』相馬御風1937／『侠客の戸籍調べ』醍醐恵端1920／『清見潟案内』若林錦水1921／『清水市郷土研究．第4輯』1940ほか

2013.09.14 ────────────────────────

十五夜それとも十三夜

【2020年東京五輪決定】

　猛暑一段落の日本に明るいニュースがもたらされた。ただ、震災から2年半経っても元の生活に戻れてない被災地を思うと、喜んでばかりいられない。手伝いをしてないのに生意気は言えないが、被災地の受け止め方はどうか、復興が後回しになりはしないか心配になってるかもしれない。

　原発事故により故郷に住めなくなって学校ごと町ぐるみで会津若松市に避難している大熊町の皆さんはどう受け止めたでしょう。どうか誰彼なく良い状況で、オリンピックを受け入れられるよう復興を早めてほしい。

猛暑にうだる間にいつしか9月、日暮れが早まりぽっかり浮かぶ月に秋を感じる。この月はオリンピック会議のあったブエノスアイレス、マドリード、イスタンブール、東京、そして福島の空にもかかる。晴れてさえいればどこにいても月を見られる。

　ときどき思う。今見ている月は世界中を照らし、どこかの街角で道ばたで見上げる人がいる。そう思うと、灯りのついてない家に帰るとしても寂しさが和らぐから不思議。

　もうすぐ中秋の名月。中秋は仲秋とも書き陰暦八月十五日のこと。この十五夜満月がいいという発想は中国のもので、陰暦八月十五日は新暦では2013.9.19にあたり日本ではまだ湿気が残る。

　千年前の貴族、藤原忠通は陰暦九月、それも十三夜がいいと詩にした。陰暦九月十三夜は新暦では2013.10.17になり涼しく空気は澄み月も冴える。

　そうして十三夜には、これから丸くなるという期待感がある。これも日本人らしい感性といえそう。次の詩は読み下したものを引用。

　注：翫（めでて喜ぶ）。窮秋（晩秋）。

　　　九月十三夜翫月

　　　　　　　　　　　　　　　　　　藤原忠通（1097〜1164）

　閑窓寂寂　日に相ひ臨む

　窮秋に属してより望み禁（た）ふべからず

　潘室の昔蹤　雪を凌いで訪ひ

　蔣家の旧径　霜を踏んで尋ぬ

　十三夜影　古より勝り

　数百年光　今に若かず

　独り前軒に憑（よ）つて首を回らし見れば

　清明此の夕　値千金

　中国から漢字文化を輸入した日本は、訓読により漢文学・中国古典を理解でき、やがて真似ではなく日本人の感性で漢詩を作れるほど成熟した。千年昔の貴族は漢文を学びつつ日本独自の感性を取りいれた。時移

り中国との交流が途絶えてからは、ますます日本独自の漢詩文を創作、新しい詩の世界がうまれた。

　題材も日本独自のものを扱うようになった。たとえば頼山陽の「天草洋（なだ）に泊す」は蘇東坡をとりこむも日本らしい漢詩がある。ちなみに天草洋の洋は海。海は日本ではいいイメージだが、中国では旧字「海」には水と晦〜くらい「くろぐろと深い［うみ］に意を表す」。さらに海には暗い、地の果てのイメージ、さらにはおどろおどろしい大魚が棲むとも。遠い昔、広い中国大陸を思えばありそうな想像だ。隣国でも「海」のイメージがこんなにも違う。知らないことが海の水ほどありそう。

　ここまでの偉そうな知ったかぶり、出所は【漢詩と日本文化】（石川忠久教授）大正大学・日本文化社会学主催の講演。至福の2時間でした。興味を抱く人物が漢詩をしていて理解の助けになればと聴講したのですが、大きなものを得た気分です。

　石川先生は中国と日本の漢詩を自由自在に展開、行間のお言葉も魅力的。そのうえ、生で漢詩朗詠の名調子が聞けて好かった。リズムのよい中国語読み、韻を踏んでいるのが何となくわかった気になりました。

　来る陰暦九月十三夜、今年は10月17日になる。その夜、月見としゃれてみようか。

2013.09.21 ────────────────────────────

明治・大正期の洋画家、萬鉄五郎（岩手県）

　2013年中秋の名月は見事だった。まん丸で欠けてないから物思いにふける隙がない。とはいえ、じきに半月になって秋の気配がましそう。しかし、夏はすぐには去らない。この季節のせめぎ合い、優美に表現すれば芸術かもしれない。だが、絵心、歌心なしの筆者には無理、せめて画集で芸術を味わうことにしよう。

　現代日本美術全集『萬鉄五郎／熊谷守一』1980（集英社）、〔雲のあ

る自画像1912〕に見入っていたら画中の萬鉄五郎と目があった。たじろ
ぎ、急ぎ次ページへ、〔日傘の裸婦1913〕と〔裸体美人1912〕が並ん
でいる。次々見ていく、〔ボアの女〕〔薬罐と茶道具のある風景〕〔かなき
り声の風景〕〔地震の印象〕〔猫〕〔犬〕〔牛〕〔あじさい〕〔薔薇〕等な
ど傾向の異なる絵がたくさん。なかに数枚の萬鉄五郎自画像があり、時
代によって画風も色彩も異なるが、どれも目に力がある。何を見通し、何
を思い自身を描いたのだろう。

萬　鉄五郎（よろず　てつごろう）

　1885明治18年11月17日、岩手県和賀郡東和町土沢で生まれる。

　土沢は花巻から遠野をへて釜石に至る街道筋にあり、そこの農海産物
の回送問屋で資産家の家に生まれた。早くに母を亡くし祖父と伯母に育
てられた。

　祖父の死後、早稲田中学に入り白馬会第二洋画研究所（菊坂研究所）
に通い、長原孝太郎の指導を受けた。

　当時の自画像（1904）からも強い視線を感じるが、まだ独自性は発揮さ
れていない。

　1906明治39年、上野谷中・両忘庵の禅堂に通い参禅。

　宗活禅師が渡米することになりついていった。宗活禅師はその師、釈
宗演が鈴木大拙を伴いアメリカに臨済禅の布教にあたった志を継ごうとし
たのである。約半年のアメリカ生活は窮乏をきわめ、志もならず帰国。

　？年、東京美術学校西洋画科（現・東京芸大）へ入学。

　1912明治45年、卒業制作〔裸体美人〕は、フォービズム（野獣派）を
意識した強烈な色彩的作品で、「わが国最初のフォービニスト。形式に少
しも災いされず、観念的なものがなく、鋭い感受性と強い意志の力を宿
した画面は溌剌としたものがあった」（*岡畏三郎『近代日本美術資料』国
立博物館編1948）。

　岡畏三郎：美術史家。父岡鬼太郎は劇評家、福澤諭吉の時事新報・
二六新報記者。

1912大正元年10月、高村光太郎、岸田劉生らと*フューザン会を起こす。同年、日本では数少ないキュビズム（立体派）理論により構成〔もたれて立つ人〕を二科展に出品。

　*フューザン会：文展系の洋画にあきたらない在野の青年洋画家らの団体。

　1913大正2年春、28歳。萬は短期現役志願兵として北海道旭川・第七師団に入隊。

　同年夏に帰京、翌年秋に東京生活をたたんで郷里に引きこもることにした。すでに妻子があり、生活費を得るため浅草で映画の看板を描いたり、政治漫画の投稿をしていた。

　帰郷すると再上京まで孤独な時間と空間に自分を置き、脇目もふらず制作に没頭した。

　1916大正5年正月、郷里で描いたたくさんの作品をひっさげて上京、展覧会を開いた。しかし展覧会は目立たなかったらしく画壇の反響はほとんどなかった。

　1919大正8年、二科展に〔木の間より見下ろした町〕を出品。

　このころ神経衰弱となり、療養をかねて茅ヶ崎に転居。「悶え苦しみながら、ごろごろ転げ落ちつつある様な感じ」、こうした苦境、探求、苦悩からの脱出を萬は日本の伝統美術に求めていった（『現代日本美術全集』「萬鉄五郎の生涯と芸術」陰里鉄郎）。

　「東洋画を正当に生かすには筆墨の精錬に重点を置いて」、装飾性の強い琳派でなく南画、文人画に興味をもち独自の近代日本洋画を探索した。

　「（谷文晁は）あく迄人間生活に生き積極的、精力的、征服力に進まんとする……写形、構図に至るまで画宗たるにふさわしきものを獲得」（萬鉄五郎著『文晁』アルス美術叢書）。

　このような努力の結実として〔臥（ね）ている人1923〕〔宙腰の人1924〕〔ほほ杖の人1926〕など日本近代油彩史に独特の画境をつくった。

　1927昭和2年5月1日、死去。

　萬が好んだ赤と緑の対比が生きた〔水着姿〕が新装なった東京府美術

館の壁面を飾った折しも、43歳の生涯を閉じた。なお、自画像の萬と写真の萬は別人のようだ。年齢というより、内面が表れているか否かなのだろう。

　岩手県立美術館に萬鉄五郎、松本竣介、舟越保武の展示室があり、萬〔赤い目の自画像1912〕などがある。

元気と知恵で渦中にのりこむ、清水卯三郎 (瑞穂屋)

　山東一郎 (直砥) の辞書『新撰山東玉篇 英語挿入』(1878刊)をとりあげたことがあるが、当時は印刷がそう簡単でない時代と思われ、当時の印刷出版に興味をもった。日本には古くから木版があり書物も多く、活字印刷は普及していなかったからである。

　調べてみると、山東は明治の初め横浜で、浅草天王町の商人・清水卯三郎からパリ直輸入の印刷機「足踏み式印刷機・フート」を購入している。しかし印刷機は慶應義塾に納まる。

　その経緯は、慶應義塾の経営が軌道に乗り活版印刷に興味を持った福澤諭吉が印刷機を買うべく瑞穂屋 (卯三郎) を訪ね山東が購入した後と知り、すぐに山東のもとへ行って印刷機を手に入れたからである (『慶應義塾五十年史』)。

　1867慶応3年、徳川慶喜はフランスから**パリ万国博覧会**へ招待を受けると徳川昭武を派遣した。幕府も出品物を準備し、各藩や商人たちにまで出品を勧誘、これに応じたのが肥前藩、薩摩藩、江戸商人・**清水卯三郎**であった。

　万国博覧会出品物は輸送船を雇い幕府役人が宰領したが、瑞穂屋からは吉田二郎ほか3名、柳橋芸者3名も同船した。日本の出品物は好評を博し、ことに卯三郎の作った日本茶屋は人気でパリの新聞にのり、連日大入り盛況であった。

昭武は博覧会が終わると留学生活に入ったものの幕府が倒れ、留学を中断して帰国する。卯三郎は欧米の学術工芸を視察し1868慶応4年5月、戊辰戦争さなかに帰国した。

随行の一人、**渋沢栄一**は資本家の第一人者となるが、このヨーロッパ体験から得たものもあるだろう。その渋沢は埼玉県深谷市出身、卯三郎はそこから遠くない羽生市の生まれである。同じ埼玉県人で武士出身ではないが明治期の活躍は共通する清水卯三郎を知る人は少ない。

卯三郎の活躍を知るにつけ、智恵も勇気もあり波瀾万丈の活躍をしたのに埋もれてしまっているのは惜しい。ともあれ、紹介してみる。

清水　卯三郎（瑞穂屋）（〜1910明治43年）

1829文政12年、武州埼玉郡羽生村（埼玉県）の名主の三男に生まれる。

生母が亡くなり養母の実家、叔父の根岸友山に養われる。友山は勤王運動家で国事に奔走、家には志士、浪士、学者などが出入りしていた。

12歳で友山の師・吉川波山に漢学、仙台藩士小林に数学、江戸人の青木に薬学を学ぶ。

1849嘉永2年、江戸に出て、漢学者・寺門静軒、蘭学者・佐藤泰然の元を訪れて学ぶ。

1854安政元年、北からの黒船ロシアのプチャーチンが下田に来航。

筒井政憲、川路聖謨が応接係となる。卯三郎は友山に頼み、表向き筒井の足軽となり下田に向かう。幕府役人中に翻訳方の蘭方医・箕作阮甫がいて、のち阮甫の家に住み込み蘭学を学ぶ。

下田ではロシア人に近づき会話もし、必死の勉強で百日ほどの滞在中に250余のロシア語を覚えた。折しも安政の大地震が起こり大津波が押し寄せロシア艦ディアナ号は大破。

この年の暮れ、卯三郎はいったん羽生に帰り、また江戸へでる。

1856安政3年、本草学と西洋薬学を応用した「日本大黄考」発刊。

1856明治4年、海軍伝習生を志願して長崎へ行く。

1858安政5年、安政の五カ国条約が結ばれ横浜開港。

翌6年から貿易開始となる。志を果たせず、やむなく長崎から戻った卯三郎は、遠縁の「いせとく」と組んで横浜に「たなべや」を開店、主に大豆を売買。

　ここでもツテを得て、通事・立石徳十郎に英語を習い、またアメリカ総領事ハリスの書記官に日本語を教え、彼から英語を習った。

　この横浜の店に岸田吟香が訪れ、卯三郎はヘボンを引き合わせた。その吟香は、ヘボンの『和英語林集成』の編纂を助けることになったのである。

　1860万延元年、実用的な商人用の英会話書「ゑんぎりしことば」を書いた。

　1862文久2年、生麦事件。謝らない薩摩にイギリスは怒り談判するも決裂。

　1863文久3年、イギリス艦隊7隻が横浜を出航、鹿児島に突進。この時、卯三郎はイギリス人から日本文を読む者として同行を頼まれると「それは面白い行ってみよう」と承諾、横浜税関の免状をうけ旗艦ユーリアスに乗りこみ親しく戦争を見物した。

　この戦争で薩摩の寺島宗則（明治前期の外交官）と五代友厚（政商）の二人がイギリスの捕虜になった。寺島と卯三郎は面識があり意外な邂逅に驚き、卯三郎は二人の釈放に尽力した（『福翁自伝』）。二人の命を救ったのは、生来の積極性と向学心にもえる卯三郎らしい勇気ある行動であった。

　1867慶應3年、ナポレオン3世治下のフランス・パリ万国博覧会に参加。

　万博みやげは、**活版印刷**と石版印刷の機械、陶器着色や鉱石鑑別の方法、西洋花火、ほかに歯科医学関係の書籍と歯科機材がある。

　1868明治元年、浅草に**瑞穂屋商店**を開業、西洋書籍・器具類の販売、石版印刷を試す。

「六合新聞」発刊。しかし、「御用金廃止の建白に賛意をのべたハリー

・パークスの不敬事件」を弁護して忌避にふれ、7号で廃刊。

1869明治2年、日本橋本町三丁目に移転し業務を拡大。

1873明治6年、**森有礼**(初代文相)中心に啓蒙団体、明六社設立。福澤諭吉のほか、ほとんどが明治維新政府の新知識という中、卯三郎は商人ながら有力メンバーであった。

1874明治7年、『明六雑誌』に「平仮名ノ説」を発表。西洋の文化をいち早く輸入した卯三郎だが、頑強な国粋主義者でもあった。漢字廃止を叫ぶがローマ字でなく、かな専用を採用。独自の"やまとことば"を用いた。

卯三郎のいう「舎密の階」『ものわりのはしご』は、原著「平易な農学入門のための実験化学概要」の翻訳書である。自伝「わがよ の き (1899)」が『しみづさぶろう畧伝』附録にあるが、分かち書きされていても、全編ひらがなを読むのは辛い。

1875明治8年、アメリカから歯科医療機械を輸入販売。また、窯業用薬品を発明、陶器七宝製造の改良に尽力。出版事業につくし、書籍業者第一回委員となる。

1881明治14年、「西洋烟火之法」発刊。『保歯新論』発行。

1883明治16年、かな文字推進の三団体が団結し「かなのかい」を結成、機関誌などを出版し応援した。『かなのくわい大戦争』発行。20年、『ことばのはやし』発行。

1891明治24年、「歯科雑誌」を発行、また40種あまりの歯科に関する出版もした。

「歯科雑誌」(瑞穂屋発閲)は歯科医学に関する論文を、欧米歯科雑誌から抄訳して掲載、月刊で100号まで続いた。

1894明治27年、日清戦争。『日本大辞林』発行。

1910明治43年1月20日没、82歳。"隠れたる明治文化の貢献者"清水卯三郎、浅草・乗満寺に葬らる。

参考:『しみづうさぶろう畧(略)伝』昭和45年・長井五郎著/『新旧時代』4・5・6号「みづほ屋卯三郎」井上和雄/『明治事物起源』石井

研堂 /『徳川昭武　万博殿様一代記』昭和59・須見裕著・中公新書

童謡・唱歌・わらべうた、軍歌

　♪野菊　　　作詞・石森延男 / 作曲・下総皖一
　遠い山から　吹いて来る　こ寒い風に　ゆれながら
　けだかくきよく　におう花　きれいな野菊　うすむらさきよ
　秋の日ざしをあびてとぶ　とんぼをかろく休ませて
　しずかに咲いた野べの花　やさしい野菊うすむらさきよ
　しもがおりてもまけないで　野原や山にむれて咲き
　秋のなごりをおしむ花　あかるい野菊　うすむらさきよ
　1955昭和30年代、運動会で体操着とブルマーでダンスをした懐かしい曲♪野菊。

　手でかたどった花を胸の前で咲かせ、赤土の校庭に膝をつくと目の前をすーっと、赤とんぼが……忘れられない。

　孫は平成生まれ。その授業参観、6年生の合唱、"ゆず"「栄光の架橋」を聴き、イマドキの子ら、ママ達、みんな楽しんだ。

　図書館で『童謡・唱歌・わらべうた』（2013新星出版社）を借りた。それには、大正・昭和世代の愛唱歌、ラジオで聴いた童謡唱歌、子守歌、絵描き歌、イラスト付き遊び歌「なべなべそこぬけ」など盛りだくさん。
『童謡・唱歌・わらべうた』

　230余りの中には今でも耳にする「鉄道唱歌」。なぜか、軍歌も交じっている。

　♪汽笛一声新橋を〜ではじまる「鉄道唱歌」は、66番の♪明けなば更に乗りかえて山陽道を進ままし　天気は明日も望みあり柳にかすむ月の影♪まで歌詞を掲載。

　1900明治33年、「地理教育鉄道唱歌」東海道編（66番まで）が三木書

店から出版され、山陽、九州と全5集が出版され大人気を博した。

　軍歌の方は、一般にいう軍艦マーチ「軍艦行進曲」

　1905明治38年（作詞・鳥山啓／作曲・瀬戸口藤吉）・「広瀬中佐」、明治37年（作詞作曲・不詳）・『尋常小学唱歌』大正元年に採録された「戦友」明治38年（作詞・真下飛泉／作曲・三善和気）が載っている。

　広瀬武夫海軍中佐は日露戦争旅順港の閉塞で戦死、以後軍神として慕われた。大正生まれの母が歌っていた♪杉野はいずこ杉野は居ずや〜〜の題名が「広瀬中佐」だったと今ごろ判った。

　♪守るも攻むるもくろがねの〜〜「軍艦行進曲」は軍艦マーチとして太平洋戦争中に演奏され、戦後はパチンコ店でよく流れた。

　♪ここはお国を何百里はなれて遠き満州の〜〜「戦友」は日露戦争を描き14番まである。歌詞の「♪軍律厳しい中なれど」が陸軍軍法に違反していると、太平洋戦争では歌うのを禁止されたが黙認されていた。

　3曲とも日露戦争にかかわるが、かの文豪・**森鴎外**も出征の途次、軍歌を作詞し刷って軍隊、知友に配ったという。日露戦争第二軍軍医部長・森林太郎のそれは、

　海の水こごる北国も、春風いまぞ、吹きわたる、三百年来、跋扈（ばっこ）せし、ロシアを討たん、時は来ぬ。

　十六世紀の、末つかた、ウラルを踰（こ）えし、むかしより、虚名におごる、あだひとの、真相たれか、知らざらん。

　ぬしなき曠野（あらの）、シベリヤを、我が物顔に奪いしは、浮浪無頼の、＊エルマクが、おもい設けぬ、いさおのみ。黒竜江畔、一帯の、地を略せしも、清国が……（中略）

　いざ押し立てよ、聯隊旗、いざ吹きすすめ、喇叭（らっぱ）の音。

　見よ開闢（かいびゃく）の、昔より、勝たではやまぬ、日本兵、その精鋭を、すぐりたる、奥〇将の第〇軍。（明治37.4.19　都新聞）

　＊エルマク：ロシアの伝説的英雄、シベリアの征服者、ドン-コサックの頭目。

『童謡・唱歌・わらべうた』

　1952昭和27年「アイアイ」から明治43年「われは海の子」まで230余曲、馴染みの歌が並び懐かしい。思わず音痴を忘れ、♪お手々つないで野道を行けば〜「「靴が鳴る」を歌い童心にかえってページを繰ったら「軍艦行進曲」の登場。エッ！と思った。

　善し悪しは置いて、のどかな歌の本に軍歌を交ぜたのはなぜ？

　編集解説を探したが何もなかった。なにがなし軍歌には引いてしまう。しかし、戦前は戦争が身近だったから軍歌に違和感どころか、ヒット曲が生まれ愛唱された。

　父や兄弟が出征、残された家族も働き手をとられ苦労が多い。厭戦気分が満ちては困るし戦意発揚に軍歌が必要だ。

　明治期も戦前の昭和も国民から軍歌を募集している。公募の軍歌で有名なのが、

　♪見よ東海の空あけて〜〜「愛国行進曲」で作曲者は軍艦マーチと同じ瀬戸口である。

「野菊」

　1942昭和17年、文部省＊『初等科音楽』に掲載。

　同年、「海ゆかば」（作詞・大友家持／作曲・信時潔）が大政翼賛会に国民の歌として指定されている。

　＊初等科音楽：第4集まであり教員向けもある。これに唱歌とともに君が代、明治節や軍歌など載っている。『童謡・唱歌・わらべうた』はこの方面から？

　ちなみに昭和17年はまさに戦時中、2月15日シンガポール占領、6月5日ミッドウエー海戦敗北。軍歌のかげで戦死者は……。

科学・数学女子＆女性初の帝大生・黒田チカ

科学、数学女子　＜その1＞

　リクルートスーツ姿の女子学生をみかけると「頑張って」と声をかけたくなる。学校から社会へ出たとたん男子優先社会、気持ちが躓かないようにと願う。自分は政治経済とか表立った世界に興味はないが、能力ある女子が進出、活躍できないと世の中ダメなんじゃないかと思う。むろん活躍している女性はいるが、多いとはいえない。

　ところで百年前はもっとたいへん。教育の機会を得るのさえ、境遇やチャンスに恵まれないと難しかった。なにしろ女性は容姿や気立て、若さなど努力しようがないところで判断されていた。

　——与謝野鉄幹を訪ねた時に、取次に出た婦人があつた。束髪の箍が弛んで、前髪やら鬢やら蓬蓬と乱れて、扮装も素振も構はず、物柔らかに会釈された。暫く話して居る間に、此の方が晶子夫人なる事が分つた。

　ちょっと藪睨みのやうな眼、捩れた一枚の前歯が、触目（しょくもく）第一に気がつく。その眼か歯か、何かは知らぬが、ふと笑ふ時に一種のチャームを有つて居るやうに感じた

　……鉄幹の書斎を辞し去る時に、次の間で二人の児に二つの乳房を含ませて居る晶子さんを見た。芸術の為に努力する彼女は、一面母親としても、能く児をはごくむ優しい女性であつた（＊吉野鉄拳禅『時勢と人物』大正4年）。

　吉野鉄拳禅：臥城。宮城県伊具郡角田町出身。詩人・俳人・評論家・小説家。

　このように、与謝野晶子でさえ、優れた歌人としてより妻、母としての有りようが褒められる時代にあって科学・数学の研究を志す女性がいた。

　中学（旧制高校）卒業男子のための帝国大学の中で、東北帝国大学は女性に入学の門戸を開放したのである。それまで女子を帝国大学に入学させた例はなく、関係者にとっては驚天動地の出来事、社会の注目をあび

た。

1907明治40年、東北帝国大学（東北大学）、仙台に設立。

理科・農科大学の2分科大学をもって発足、総長は＊沢柳政太郎。

＊沢柳政太郎：（1865～1927）教育者。東大卒。文部省に入り、小学校令改正など教育行政に尽力。教授任免権をめぐる沢柳事件で京大総長を辞職。自由教育運動の先覚者。

1903大正2年、沢柳は、文部次官時代から欧米の大学では女性への大学開放が進んでいるのを知っていて、次のように考えた。

「仙台に於ては高等学校の教員免許状所持者を持った者は語学だけを試験して理科大学に要れる」という規則を設け、傍系入学を認めた以上、「女性の入学を拒否する理由はない」と、2年度の学生募集広告を『官報』に掲載した。

帝国大学を受験することになった3人の一人、黒田チカは「女子にも高等教育を」という旧佐賀藩士の父親の方針で、女子高等師範学校（お茶の水女子大）を卒業。「近代薬学の祖」といわれる＊長井長義に見込まれ帝国大学を志願することになった。そのいきさつを、

───女子に対しても学問の門戸開放の沙汰が伝えられた。とくに東京女高師では数学研究科の牧田らく氏を同大学に進学せしむる意向であった。＊長井先生は科学科からも志願するようにと私に熱心なご勧誘があり、＊中川校長にも進言……せっかく女子に門戸を開放されたのに志願者がいないのは、店を開いたのに買い手がないようで非常に遺憾であるからと、日本女子大においても長井先生のご指導により中等教員の資格を得られた丹下ウメ氏が志願者となられたのであった。

但し女子の大学志願は最初の企てであり心配の点が多かったが、勇気をふり起こして受験した（『東北大学百年史』女性の帝大入学）。

＊長井先生：長井長義。第1回留学生としてドイツ留学、帰朝後東京帝大教授、女性の教育に熱心で東京帝大の学生から講義されることもあった。当時は東京帝大から講師として東京高等女子師範学校へ招聘されていた。

＊中川校長:**中川謙二郎**。東京女子師範高等学校長、仙台高等工業学校の初代校長。女子教育の振興に尽力した。

　1913大正2年8月16日、「東京朝日新聞」は女性3名が男性35名と共に入学を許可され、成績良好の旨を報じた。

　この時代海外留学に出た研究者は、ドイツ、ロシアなどで女性の研究者に接し机を並べて研究していたから性別を超えた研究者養成ができた。『東北帝国大学理科大学一覧』（大正2、3年）生徒名簿によると、

　数学科:**牧田らく**、京都平（東京女子高等師範学校・数学研究科修了、同校授業嘱託24歳）。

　科学科:**黒田チカ**、佐賀士。1884明治17年〜1968昭和43年（東京女子師範学校助教授。29歳）。

　科学科:**丹下むめ**、鹿児島平（中等教員検定試験合格、日本女子大学校助手40歳）。

　○地名の後の「平」「士」の意味が判らず考え、平民・士族の略と気付いた。明治維新から50年余を経てなお出身区別があったとは……いつまで記載していたのだろう。

　黒田チカ・丹下ウメ（むめ）は、後に教授として母校に迎えられ研究者としての道を歩んだ。牧田らくは結婚後に東京女子高師をやめたが数学の研究を続けた。3名とも研究者として名をなし、その後、多くの女性研究者を育てたのである（『東北大学百年史』）。

　ちなみに、黒田チカの卒業研究は、高級染料の紫紺（ムラサキグサの色素）の化学構造を特定、人工合成に道を開いた。英国留学をへて、理化学研究所（初代所長・菊池大麓）で、本格的に研究するなど84年の生涯を研究にささげ、生涯独身を貫き、養子を迎えた。

　没後、遺族は入学100周年の節目に遺品を東北大学に寄贈。遺品や論文など未公表資料を同大学史料館が整理・保管、記念展で紹介する予定（「毎日新聞」2013.7.5元村有希子）。

数学女子　＜その2＞

　前出の女子帝国大生らと、どこかで行き交ったかもしれない女流数学家について、『現代女の解剖』（*吉野鉄拳禅・東華堂1915）より抜粋。

───亀田米子は本年37歳にして、清浄無垢の処女也。上野石子も29歳にして然り。数学の研究と育英の事業に全心全力を注いで倦まず、今時稀に見るの女女丈夫たらずんば非ず。

　上野石子は身長のすらりとしたる、華奢な体格の婦人也。顔に凄みはあれど、目元口元に愛嬌あり。快活に、談話する所、確かに東京っ児なり。米子は仙台の産也。真率なる所、無邪気なる所、快活なる所、どうみても女流数学家なり。

　石子の父、上野清は麹町区土手三番町に数学院を設立、多くの青襟子弟の教養に勉め、彼女もまた同院に入りて米子と共に、算術、代数、幾何、三角法等を専修せし也。

　亀田米子は仙台に帰って私塾「数学教授所」を開いた。はじめ軍人と男子学生のみ、やがて女子も来るようになった。のち宮城県立高等女学校教諭、ついで東北中学校で教鞭をとった。

　上野石子は数学の教員免許をとり東京中学校講師になった。

───二人とも女子にして中学生を教授するは、本邦稀に見る所たり。而して、その成績却て良好なりと云ふに至つては、女流数学家も満更莫迦にした者に非ざる也。

【けやきメモ】

2014.8.16毎日新聞───今日8月16日「女子大生誕生の日」。1913（大正2）年のこの日、東北帝国大学（東北大学）が女子受験生3人の合格を発表したのだ───

【福島縣成行家番附】前頭・服部宇之吉

　今は番付というと相撲番付ぐらいしか思い浮かばないが、昔の人は何でも番付にして楽しんだもよう。『福島県百番附』1922 大正 11 年（大和久治編）を見ていたら、エッ、こんなのあり？

　例えば、福島県禿頭番附／（以下福島県略）素人美人／素人角力／社交家／国税納税者／活動弁護士／雄弁家／忘れられたる人／芸妓組合／出身画家／囲碁名手／美髭家／愛妻家／愛鳥家／剣道家／名物男／事業家／政治家／成功家などなどの番付が 100 枚。

「福島県成行家番付」

　東西の横綱：野口英世と星　一（星製薬社長、作家・星新一父）。

　大関：林権助（外交官）と山川謙次郎（物理学者・東大総長）。

　関脇：仁井田益太郎と池上四郎。

　これら人物の職業は学者・実業家・政治家・軍人などバラバラ。また取締は、自由民権運動家・河野広中と禅僧・新井石禅師の二人、この組み合せや横綱・大関など格付け根拠は何か。訳を知れば大正期の世相が見えそうだが、説明なしだから察するしかない。

　番付を見て、小結・柴五郎の並び前頭・服部宇之吉が気になった。二人はそれぞれの事情で中国に滞在中に義和団事件（北清事変）に遭遇、各々、記録を残している。なお、柴五郎『北京籠城』・服部宇之吉『北京籠城日記』を合わせた一書が東洋文庫（平凡社）にある。

　次は服部の籠城日記から、

　―――籠城中、戦端がひらかれ義勇隊の一部が陸戦隊とともに、戦闘線に臨みし日より、数人の義勇隊員とともに我が日本公使館の留守の任にあたりたり。同夜、柴砲兵中佐の命により、公使館を引き揚げて、戦闘に従事することになり、柴砲兵中佐に属して伝令の任にあたりたり

　1899 明治 32 年、服部は文部省から清国留学を命ぜられる。

　北京在留中、義和団の乱に遭遇。日本や欧米の公使館がある北京公

使館区域が義和団や清兵に砲撃されたのである。

　反撃するにも各国公使館とも装備も軍人も足りず、連合して守備することになった。食料も足りないが応援の各国軍隊が来るまで持ちこたえなければならない。日本公使館も武官は3人しかおらず、民間人で義勇隊を組織、留学生の服部も隊員になった。

　この難局にあたり、8カ国の公使館員、軍人、民間人は連合して守備についた。全体の指揮をとったのは元陸軍将校のイギリス公使マクドナルド、作戦用兵については柴五郎が主導した（『明治の兄弟　柴太一郎、東海散士柴四朗、柴五郎』）。

服部　宇之吉

　1867慶應3〜1939昭和14年。福島県二本松藩士　服部藤八の三男。漢学者・東洋哲学者。号は瑞軒。

　1890明治23年、帝国大学文科大学哲学科卒業、文部省出仕。

　のち第三高等学校教授、ついで東京高等師範学校教授。

　1897明治30年、文部大臣秘書官・文部相参事官、のち文部相視学官など兼ねる。

　1900明治33年、漢学研究のため清国留学を命ぜられ北京在住中、義和団の乱（北清事変）に遭遇。帰国後ドイツ留学。留学中、東京帝国大学文科大学（東大）教授に任命される。

　1902明治35年、清国に招かれ北京大学堂内の師範館主任教授、中国教員を養成した。

　1909明治42年、清国から帰国後、再び東大教授として中国哲学、中国文学を担当。

　1915大正4年、ハーバード大学教授。

　1924大正13年、東大文学部長。

　1926大正15年、京城帝大総長。

　日華学会を主宰、中国人留学生の教育・研究上の便宜を図る。退官後は國學院総長、東方文化学院東京研究所長。著書『清国通考』『支

那研究』『北京誌』などが知られる。

　参考：『日本人名事典』三省堂／『新撰女子漢文備考』1936東京開
成館。

2013.10.26 ————————————————————

〔鮭〕〔三島通庸三県道路改修抄図〕の洋画家、高橋由一

　明治の洋画家・**高橋由一(ゆいち)**の静物画〔鮭〕はよく知られ、画集
や図録で見た人も多いだろう。上野の展覧会で〔鮭〕を見て「なるほど」
と感心したが、何がなるほどかうまく表現できず情けない。ただ、身近な
魚が芸術家の手により、活きて迫ってくる感が忘れられない。

　高橋由一の名をはじめて知ったのは〔**宮城県庁門前図**〕である。明治
のモダンな建物が描かれているのに物静かな雰囲気が不思議で記憶の残
った。

　次に由一に出会ったのは＜激動の明治国家建設特別展＞である。

　衆議院議員憲政記念館に〔**耶麻郡入田付村新道**〕が展示されていた。
福島県の耶麻郡を描いた絵が山形県立図書館蔵とあるのは、会津三方道
路土木事業の記録だからだと思う。

　かの土木県令・三島通庸は福島に着任すると**会津三方道路開削工事**
を計画、その記録を洋画家・高橋由一に委嘱した。

　三方道路は、会津若松から山形、新潟、栃木三県に通じる道路で東
北を東京に結ぶ。完成すれば東北の米作地帯を東京に直結、また内陸を
横断して兵力の日本海沿岸への急速な展開を可能にする。ただし、道路
建設にともない巨額の負担を会津地方人民に強いたから県民はこれを拒
否、県会議長・河野広中ら自由党員が反対運動を展開した。

　1882明治15年、福島事件。農民と警察が衝突。河野をはじめ多くが
逮捕・処罰された。

　それから3年、128枚の〔三島通庸三県道路改修抄図〕が完成、その

一枚が〔耶麻郡入田付村新道〕である。高橋由一（ゆいち）はこのような
記録のための風景画、〔鮭〕にみられる美術・芸術世界、双方に足跡を
残した。どのような生涯か、見てみよう。

高橋　由一

　1828文政11年、江戸の佐野藩（栃木県）邸で生まれる。幼名・猪之助、
号・藍川。

　弓術、剣道指南の家に生まれたが、病弱のため画業を志し、江戸に出
て狩野派を学ぶ。あるとき友人から洋製石版画を見せられ、「悉ク皆真ニ
迫リタルガ上ニ一ノ趣味ヲ発見」して洋画学習を思い立ったが、師はみ
つからず、方法も分からなかった。

　1862文久2年、ツテを頼り幕府蕃書調所付属の画学局に入学。

　しかし「天ニモ地ニモ油絵ナド観ルコトナク」、海外人から学ぶしかな
いと友人**岸田銀次（吟香）**を頼った。岸田が横浜でヘボンの『和英語林集
成』を手伝っていたからだ。

　1866慶應2年、この年、パリ万国博覧会に出品。

　由一は岸田やヘボンの紹介であちこち聞き回り、＊ワーグマンに面会で
きた。次いで岸田の助言もあり通訳をつれて再訪、ワーグマンの指導を
受けられることになり、未だ馬車や汽船がない時代で東京から横浜まで
歩いて通った。

　ワーグマン：Wirgman　イギリスの画家。文久元年「絵入ロンドン＝
ニュース」の特派員として横浜に定住。「ジャパン・パンチ」創刊。日本
の風俗を描くかたわら、洋画技法を高橋由一・五姓田義松らに教えた。日
本女性と結婚。

　1867慶應3年、旧藩主・堀田正衡の命を得て上海に3ヶ月間滞在、洋
画家と交流。

　1870明治3年、民部省出仕。大学南校に画科が設けられ教授になる。

　1872明治5年、辞任。

　1873明治6年、日本橋区浜町に天絵楼を開設、洋画を教えた。

このころ南画・洋画が流行、川端玉章（日本画家）なども一時入塾して洋画を学んだ。

　ちなみに、明治14、5年ころ日本画が勃興、洋画が衰えた。しかし、浅井忠・小山正太郎らの奮闘により日本画と並進。

　1875明治8年、天絵楼を天絵社と改め、自作および門下生の作品の一般公開を始める。

　由一は、対象に迫ってその存在感にふれる表現を身につけ〔鮭〕〔豆腐〕〔なまり節〕などを制作。また、洋画の先覚者として普及につとめた。

　1879明治12年、金刀比羅宮に自作を奉納。

　補助資金を受けて天絵社を東京府認可の天絵学舎とするが、明治17年廃校。

『ふる里』（＊正宗得三郎1943人文書院）より、

―――四国に渡った時に、図らずも琴平図書館に高橋由一の作品が集まっているのを発見した。そしてその作品が明治時代に日本人の書いた画業の中で、こんな立派な作品があるだろうか、というくらいに珍しく感心した……再び四国を訪ね、金比羅宮の障壁画の丸山応挙の作品を見た後で、図書館を訪ねて再び高橋の作品を鑑賞したのである。二度見ると、多くの場合悪く観える作品が多いが、高橋の作品はやっぱり立派であった。そのとき案内してくれた宮司の話によると、琴平で共進会があったときたくさん出品したが一枚も売れず、帰路の旅費にも困っていたので安く買い取ったというのである。

―――高橋の芸術は生まれ乍らに持っている写実力が非常に優れている……静物画が面白い、実際のものが本当に前にあるような感じがする。見ている内に何の遮るものがない。絵でなく本物が置いてあるような実在がある。それはセザンヌの実在とまた異なっている。日本人として実に珍しい人が出たものだと私はつくづく眺めた。

　＊正宗得三郎：大正・昭和期の洋画家。作家・評論家の正宗白鳥の弟。

　1880明治13年、雑誌『臥遊席珍』刊行。御雇外国人フェノロサ（アメリカ・日本美術研究家）が天絵学舎を訪れ、海外画道沿革論などを演説

する。

1881明治14年、山形県より拝命。大久保利通・上杉鷹山の肖像、県下の新道景色の油絵を描く。〔宮城県庁門外図〕も同年作。

1883明治16年、豪農・山田荘左衛門の肖像。後年、長野県中野市でみつかり制作過程や制作費の記録がある（毎日新聞）。

1884明治17年、栃木県より拝命。山形・福島・栃木三県下・新道景色石版画を上納。

1885明治18年、三帖を表装して宮内省ほか諸官皇族大臣などへ配布。

三島通庸三県道路改修抄図．「福島県」（図版53枚）／同「栃木県」（図版20枚）／同「山形県」（図版55枚）。栃木県のはじめ、重野安繹（歴史学者）の序。山形県の巻末、岡千仞（鹿門）の跋文、福島県は本編のみ。

1889明治22年、日本最初の洋画団体、明治美術協会設立を後援。

1891明治24年、岐阜県〔長良川鵜飼図〕制作

1892明治25年11月、自伝『高橋由一履歴』私家版を印刷。

筑摩書房『明治文学全集・79』に復刻あり。この自伝は子孫に一生のあらましを伝えたいと著したが、「由一の死後高橋の跡は散々のことになった」と石井柏亭が『画人東西』（大雅堂1943）に書いている。石井は又、唐紙の裏打に水彩で描かれた漫画を次のように説明、評している。——「西画城印」と捺した朱印の上に、天狗の羽団扇をもった西洋人が望遠鏡を手に戦を観望。その傍らに「洋隊進め」とブラシやパレット・ナイフを振り回す洋隊の旗色がよく、日本画の一隊は刷毛や連筆などを担いでしどろもどろ逃げ出している……「日本に於ける和洋二画派の争いを諷し明治初年の欧化熱につれて洋風画の羽振りが良かった時代が窺われて面白い」。

1893明治26年、天絵学舎中の門弟とともに「洋画沿革展覧会」を東京築地で開催。

近代日本洋画の先覚者の作品200点を展観。会場正面に司馬江漢（江戸後期の洋風画家・蘭学者）、川上冬崖（幕末明治期の洋画家・日本画家）、アントニオ・フォンタネージ（イタリア・工部美術学校教師）の肖像画を掲げ

て三人に敬意を表した。

　1894明治27年7月、死去。67歳。

2013.11.02 ─────────────────────────────────

早ソバ・ジャガイモ栽培、髙野長英 (岩手県)

　江戸後期の蘭学者・髙野長英は*『夢物語』を著し、幕府の対外策を批判し弾圧された「蛮社の獄」で知られる。獄中6年、たまたま獄舎が火事になり脱走、各地を潜行しつつオランダ語書物の翻訳を精力的に続けた。この開国の犠牲になったヒーローは岩手県出身である。採りあげてみようと思ったが、教科書にものる有名人を書いてもと思い止めた。

　しかし、『岩手百科事典』(1978岩手放送) <髙野長英・ジャガイモ栽培>を読んで思い直した。

『夢物語』: 甲と乙の問答体で、英国人モリソンが日本漂流民を送り届けに来航したことを受けてイギリスの実情をのべ、幕府がその船を打ち払えば恨みを買い、取り返しがつかないことになるだろうと穏便な対処をすすめ、無二念打払令を戒める。

髙野　長英

　1804文化元年、岩手県水沢、後藤実慶の三男に生まれる。名は譲。号は瑞皐(ずいこう)・驚夢山人。潜行中は変名が多い。母方の水沢藩医・髙野玄斎の養子になる。

　蘭学の手ほどきを養父・玄斎(杉田玄白門下)から受ける。

　1820文政3年ごろ、江戸に上り、苦学して蘭学を習得。

　1825文政8年、長崎に赴き、シーボルトの鳴滝学舎で指導をうけ、ドクトルの免許。

　1828文政11年シーボルト事件。シーボルトは国外追放、門人らにも累が及び、長英は熊本に難を逃れた。

1830天保元年、江戸に医院を開業。

　町医者として診療の傍ら蘭学塾を開き医学・科学書を翻訳。やがて渡辺崋山、小関三英らと交友がはじまり、幕臣・**江川英龍**ら当代の蘭学者と尚歯会を結成。

　1836天保7年、『救荒二物考』を著し、天保飢饉に際し救荒作物を説く。

　気候不順でも成熟する**早ソバ・ジャガイモ**について種類・性質・功用・栽培・調理法に至るまで詳細に述べた。冊子は各藩に珍重され争ってジャガイモの栽培が進んだという。

『二物考』は明治16年の群馬県勧業課翻刻、ジャガイモの図は崋山のようだ。

　サツマイモ栽培法で知られる**青木昆陽**もオランダ語ができ、著書もある。オランダ語は将軍吉宗の内旨をうけ、江戸参府のオランダ人と通詞を訪問、対話して習得した。

　尚歯会は西洋の文物を研究、政治・経済論を交換する実践的な性格をもっていた。幕府はこれを弾圧(蛮社の獄)、長英は終身禁獄、永牢の処分を受けた。

　蛮社の獄:鳥井耀蔵ら朱子学一派によるでっち上げ弾圧事件は、その後の洋学者の活動に多大な影響を与えた。

　長英の生涯を通じた訳書は82部300巻に達するといわれる。訳書の分野は医学・薬学・衛生学・天文(星学)・地震火山・大気万物(窮理)・化学・農学・動植物(博物)・自然哲学・軍事科学(兵学)とあらゆる分野にわたる。髙野長運の長英伝記は書名を列挙、かんたんな説明をつけて親切だ。

　それにしても、外国語が読めるにしても内容を理解する知識・能力がなければ翻訳できない。長英の場合、書斎で落ち着いてではなく各所を転々としつつ訳述していたのだから驚く、素晴らしい頭脳だ。

　長英の理学に関する訳書「星学略記」「泰西地震説」、ヨーロッパ感、勝海舟など出会いの人びとを、水沢の緯度観測所技師、須川力が纏めて

いる。

入獄3年、長英は牢名主になり起居がそれまでより楽になった。その獄中で、『鶏の鳴音』を書き、自分が洋学を志したのは西洋に臣従するためではないと訴え、『夢物語』を書いた理由、尚歯会の学友を語り、蛮社の獄の口実となった無人島事件のねつ造に悲憤、また、老いた母の身の上を案じ和歌も詠んでいる。

入獄6年目、獄舎が火事になった。囚徒は三日を限りに解き放されることになっていて、長英も牢から出られた。そして、そのまま脱走、時に41歳。

脱獄した長英は各地を転々としながら蘭書を翻訳、戦術兵器に関するものも多かった。それを宇和島藩主・伊達宗城が知り、ひそかに宇和島藩に招いた。藩士を選んで蘭学を修行させたのである。

長英は宇和島で砲台の設計、多数の蘭書の翻訳をしていたが、滞在を幕府が知ったという噂がたち宇和島を去る。

その後、讃岐、広島、鹿児島、大阪、名古屋など転々としていたが、江戸に戻る。沢三伯と変名、青山百人町で医業のかたわら翻訳に励んでいた。

1850嘉永3年、突然幕吏に襲われ自害。46歳。

1898明治31年、没後49年、正四位追贈される。

郷里の水沢市（奥州市水沢区）に記念館があり、旧宅の一部は史跡に指定されている。

参考：『髙野長英』須川力1990岩手出版／『髙野長英伝』髙野長運1971岩波書店／『我が郷土史』1933宇和島市和霊尋常小学校／『コンサイス日本人名事典』三省堂

『お国自慢：英傑名家の出祥地』岩代国（福島県）

　歴史では出身地を「国名」で表すときがある。古くは、紫式部と小野小町は「山城国」、近くは、川路聖謨や勝海舟は「武蔵国」、大河ドラマ［八重の桜］でおなじみ松平容保や山川兄弟は「岩代国」。

　以前、柴四朗の資料に出身地を岩代としたものをみて、何かピンとこなかった。岩代国を検索すると、『お国自慢』『改正小学日本地誌略字引』(1879)、『国別電報配達丁程表：附・電報島嶼配達表』岩代国（逓信省通信局 1895）など、国別に記したものが数あった。

　＜国＞＜岩代国＞を『日本史辞典』（角川書店）と、『福島県民百科』（福島民友新聞社）で見てみる。

　───大化の改新で国郡制が定められ国司、郡司が任命された。日本歴史でふつう国といっているのはこの国郡制の国であり、奈良時代から明治維新まで続いた。維新政府もはじめは旧国郡制を継承したが、廃藩置県を機会に郡県制にきりかえた。

　岩代国は磐代国とも書く。

　1868明治元年12月、陸奥国を磐城・岩代・陸前・陸中・陸奥の5国に分割し設置したなかの一つ。岩代国は会津・大沼・河沼・耶麻・岩瀬・安積・安達・信夫・刈田・伊具の10郡をその管下にしたが、翌年、磐城国伊達郡を併合、かわりに刈田・伊具郡を（宮城県に）割いて9郡となった。

　1871明治4年、廃藩置県。岩代国は二本松・若松2県、次に二本松県を福島県と改称。

　1876明治9年、若松県を廃し、福島県1県となった。

　こうして全国に誕生した3府302県に薩長土肥の官僚が府知事、県令として派遣された。旧薩摩藩士・三島通庸が福島県令時代におこした福島事件はよく知られている。

　あらゆる場で藩閥政府に偏った人材登用がなされたから、戊辰戦争敗

者の立身出世は遠い。ただし、能力次第で実務的な役職にはつくことができた。

　行政に武士の素養、知識が必要だったから、賊軍とされた旧会津藩士・柴太一郎も南会津郡長を務めた。

　1878明治11年、会津郡を北会津と南会津の2郡に分け、岩代国は10郡となった。この岩代国は奈良時代の石背国（いわせのくに）とだいたい領域が同じで、地名はこの石背にもとづくものであるが、制定のさいに石背を岩代と間違えたとされる。

　岩代国の成り立ちを知ったところで、次は人材。『お国自慢── 英傑名家の出祥地』（牧野柳三郎1911岡本増進堂）岩代編に12人の名がある。

岩　代

　南光坊天海：信玄、家康ノ欽信深シ、東叡山寛永寺開祖

　安積澹泊：史学家、博学能文、大日本史編纂総裁

　安積艮斎：碩儒、修身ノ著述多ク流布ス

　松本寒緑：篤ク宋学ヲ治メ忠孝ニシテ心ヲ辺務ニ留メ薩隅ヨリ蝦夷ニ入テ形勢ヲ講察ス

　松平容保：会津藩主、佐幕ノ魁首、大ニ志士官兵ヲ悩マス

　白虎隊：十五歳ヨリ十八歳ノ少年、同盟会津ヲ死守シ城陥テ皆自刃ス、小国民武門ノ花タリ

　山川浩：維新会津方ノ戦将、陸軍少将

　今野三郎：樺太、黒竜江ヲ探検シ、後支那劉永福等ノ参謀ト成テ仏軍ヲ破リ印度ニ去ル

　鎌田昴：印度コラプール王ノ寵児ニシテ其財政顧問トナル

　出羽重遠：海軍中将、日魯（露）役ニ第三艦隊司令官トシテ活動ス

　山川健次郎：大学総長、重厚ニシテ剛直、浩氏ノ弟

山本覚馬＆野澤雞一（福島県）、殊勝な強盗犯

　1867慶應3年末、王政復古の大号令。京にいた将軍慶喜は大阪に下り、会津・桑名の藩主もこれに従ったが、一同憤激おさまらず、議論沸騰。慶喜はここに至り薩摩を討つと決定。会津藩の精鋭は、正月そうそう幕府の奉行所がある伏見に出陣す。

　鳥羽・伏見の戦が始まった。と同時に、京で洋学所を開き英学・蘭学を教えていた山本覚馬と生徒の会津人子弟が薩摩藩の陣屋に幽閉され、他藩の生徒は見逃された。

　目が不自由な身で監禁の身となった山本覚馬だが屈することなく、維新国家経営の「管見」を口述筆記させ薩摩藩に提出。その口述筆記をしたのが野澤雞一16歳である（2011.5.28<星亨伝記編著者>）。

　「管見」の政治・経済・教育・衛生・衣食住・風俗・衛生・貿易等の卓越した識見に西郷隆盛らが感心、幽囚中ながら扱いが丁重になった。

　この辺りのシーン、大河ドラマ［八重の桜］にあった。これより、覚馬は病院に移され療養、1869明治2年赦免される。

野澤　雞一

　1852嘉永5年、岩代国河沼郡野沢村で生まれる。父は名主。

　薩摩の捕虜となった野澤はまだ16歳、少年に厳しい現実が襲いかかるのは必至。

　1月5日、捕虜となった野澤は薩摩の陣所から4月、二条城内＊軍務官に六角通りの本牢に移された。六角獄舎は旧幕府町奉行時代のもので「幽陰冷湿鬼気せまり魂を消す」惨憺たるものであった。改革する暇はなくそのまま京都府庁に受け継がせたからである。

　そのうえ囚徒は強盗殺人の徒だから殺伐の気風、残忍の挙動は言語に絶した。

　私刑で死者が出ても監視の番人は知らぬ顔、「嗚呼此境に入ては人命

の価値、螻蟻に若かざること遠く*牛頭馬頭の阿鼻地獄今目前に展開し」であった（野沢雞一『閑居随筆』）。

*軍務官：軍事諸務を管掌。軍務官知事は嘉彰親王だが実権は判事・大村益次郎が掌握。

*牛頭馬頭（ごずめず）：牛頭人身・馬頭人身の地獄の獄卒。

【江戸伝馬町牢獄内の図】を見ると、牢名主は別にして囚人は満員すし詰め窮屈に並ばされ、身動きもままならない。衛生状態も悪く、獄内リンチに合わずとも病死しそうだ。牢はただ罪を懲らしめ罰を与える所で、悔悟させ立ち直らせる所ではなかった。

1869明治2年、イギリス人を殺した犯人が牢死、イギリスは日本を詰り政府に獄制改革を要求してきた。

1872明治5年、陸奥宗光が獄制改革を建議。同年「監獄則」制定。

司法省の監獄行政責任者となった旧岡山藩士・小原重哉は「監獄」を創設。小原は自身の体験（幕末期3度入獄）もあり海外視察もし、新しい刑罰制度の実行に努め功があった。

六角獄舎のある日。牢名主の次に威張り散らしている為（ため）という強盗犯が、腕の二本の黥線（罪人の入れ墨）を見せながら身の上話を始めた。
───俺はボテ振アキナヒ渡世なり賭場（ドバ）に出入りして博徒の同類となり賭銭に窮して窃盗を始め遂に本職の泥棒となり太く短く繰らし25歳を断末魔と定め其以上の寿命は入らぬものと考へたり。今度の逮捕で（黥線）三本目の暁には打首の御仕置なれども王政御一新で前科は切り捨て新規蒔直し、首の繋がること請合なり。スッカリ心を入替え、御放免後は真人間に立ち戻り正業に就く積もりなり

1868年9月、明治天皇即位の大礼、明治と改元。大赦があった。

野澤は放免されたが、8ヶ月余りの獄中生活で脚気を病み立つこともできなくなっていた。府庁の役人は野澤に看護人をつけ悲田寺に預けた。しかし看護人は金をとりあげ食べ物も持ってこなかった。餓死を待つしかない病人、そんな野澤の元へ為が表れる。

為は、「俺も大赦により出獄したり。今は真人間となりたれば最早俺を

46

怖がる勿」といい病苦の少年を慰めた。お陰で餓死を免れることができた。為のその後の消息は分からない。

　野澤は六角獄舎で自分を尋問した山田顯という人物に引き取られた。

　覚馬が野澤の赦免を知り頼んだのである。山田は野澤をドイツから帰朝した小松済治に預け、小松は学資をだし（おそらく覚馬が）大阪開成所に入学させる。野澤はこの学校で星亨と出会い、生涯の付き合いがはじまる。

　1871明治4年、星が修文館の英学教授に決まると、野澤も横浜に行き、英語や法律を学んだ。かたわら星とブラッキストーン著『英国法律全書』を翻訳した。

　当時、野澤は星亨ら数人と神奈川県令・陸奥宗光の家に居候したりした。

　1872明治5年、野澤は星の推薦で大蔵省に入り、新潟税関長代理として新潟に赴任。

　1874明治7年、東京にもどって辞職し、弁護士に転身。

　?年、アメリカ・エール大学に留学して法律を学ぶ。帰国後は星と共に、あるいは陰で支え弁護活動をした。

　1889明治22年再渡米、ニューヘーベン法科大学で学ぶ。

　帰国後、神戸地裁判事をへて公証人となる。のち、銀座に公証人役場を設ける。

　神戸地方裁判所では隔年で刑事裁判を担当。

　野澤著『閑居随筆』から

──囚人の食餌をみれば飯には分量の限定あれども副食物は豊潤なり。魚肉獣肉も供せられて珍しからず。入浴は隔日ないし一週両度許され、病めば医薬十分にして、房室は採光通風の設備完ければ夏は涼しく冬は寒風を防ぎ……満期放免の日には罪獄中の労賃として若干の金銭を給せられる。無資貧乏の者、監獄生活を眺めたらんには温泉場に遊楽し大ホテルに安息するにも似たらん。

　狡猾惰なる者、警察署の近傍の人家に入り傘や下駄の類を窃盗、之を

携えて出署し処刑を促す輩は自営自飯の労苦を厭ひ入檻して寝食するの安佚をねがうものなり。狂気と云わんや呆れて言葉塞がる。余は以て罪を成さずと叱て退けんと提議したれども……同僚はかほどまで切ならば望みの如く捉えて飯せしむるも国法の慈悲なるべしと弁護しこれに決したり。ここに至ては罰は賞となり禁は勧となり法の効力転倒し威厳全く地に落ちた。

　今もありそうな話、野澤の歎きは無理もない。次は呆れたコソ泥と反対の真面目に働く前科者の被告に温情判決を下したが、野澤の思いは叶わない。是非善悪の判断は難しい。

　———山陽鉄道・下関駅の雇工は前科者だが信用されて、鉄道会社が政府に買収されても働けることになった。判任格の雇員として登用で戸籍謄本が必要になり取り寄せると前科の記入がある。幸い戸籍係が旧友だったので前科を取り除いた謄本を作らせ鉄道局に提出した。後でそれが発覚、雇工は官文書偽造の重罪で法廷に立つことになった。

　———余之を犯意なしとして無罪を主張、且つ若し之を罰せば改悛の道を閉塞して刑事政策不可なりと論じたれども、同僚は皆動機こそ悪意なければ所為は正に為すの意ありて行へるものなれば犯罪たるを免れずと多数決を以て軽懲役6年に処断したり。余は今も尚之を遺憾と……。

　1932昭和7年7月23日、死去。享年80。

　参考文献：『閑居随筆』（1933野沢雞一）/『山本覚馬』（青山霞村1928同志社）/『高名代言人列伝』（原口令成1886土屋忠兵衛）/デジタル資料・八重のふるさと福島県

2013.11.23 ————————————————————————————

寒風沢島の洋式軍艦・開成丸と
三浦乾也（江戸）・小野寺鳳谷（宮城県）

　松尾芭蕉が「扶桑第一の好風」と讃えた松島を構成する島々、その一

つに寒風沢（さぶさわ）島がある。この島も東日本大震災の被害で現在も多くの島民が仮設住宅で暮らしているそうで、今なお厳しく大変だ。ところで寒風沢島では、江戸末期いち早く先進技術をとりいれた日本初の洋式軍艦が建造された。造艦を主導し支えた小野寺鳳谷、完成させた三浦乾也、ともに力を尽くした人びとの情熱は島民はもちろん、後世をも元気づける。

　寒風沢島の港は江戸時代には伊達藩の江戸廻米の港として栄えたが、船の遭難もあった。

　1793寛政5年、江戸廻米船が遭難して漂流ロシア船に救助された。漂流民はロシアの首都ペテルブルグに送られ、ロシアは交易交渉を進めようとして貴族で露米毛皮会社重役レザノフの派遣を決めた。

　1804文化元年、レザノフは津太夫ほか4名の漂流民を連れインド洋、ハワイ、カムチャッカをへて長崎に到着。日本人で初めて世界一周した4人は、幕府に引き渡される。

　ところで、通商は鎖国を理由に不調に終わった。レザノフはその帰途、報復として樺太・択捉（エトロフ）の番所・漁船を襲撃した。

　それから数十年、幕末の仙台藩は軍政改革を推進、西洋式新技術をとりいれた軍艦「開成丸」を寒風沢島山崎で造艦。船名の開成丸は「人がまだ知得してないところを開発し、人の成さんと欲するところを全うする必要がある」（「易経」開物成務）からきている。

　建造にあたって藩校養賢堂の兵学主任・小野寺鳳谷が藩命により相模・伊豆に派遣され、幕府の洋式軍艦を視察。そして、オランダ人から軍艦製造を学んだ三浦乾也を総棟梁として招き、建造責任者を藩天文方・村田善次郎とし建造を開始した。

　1857安政4年、完成した開成丸は長さ33m、幅7.6m、高さ5.8m、2本マスト、大砲9門を備え、進水式には藩主伊達慶邦、東北の諸藩主も寒風沢に足を運び臨席した。この年、開成丸は寒風沢 ── 気仙沼間の試験航海に成功したが、進水後数年ほどで米を江戸品川に数回回漕したのち石巻で解体された。「開成丸航海日誌」（『仙台叢書』）によると、江戸ま

で片道1ヶ月かかっており、速力不足が軍艦としての評価を下げ廃船の憂き目を招いたと考えられる(『宮城県の歴史散歩』山川出版社)。

　寒風沢漁港の海沿いに「造艦の碑」が建てられ砲台跡と共に歴史を伝える。

　造艦の碑文と資料を合わせて三浦乾也と小野寺鳳谷の略歴を記す。二人の幅広い知識と前向きな行動力に感心する。

三浦　乾也（みうら　けんや）

　1821文政4年3月3日、幕府の御家人・三浦清七の子として江戸の銀座に生まれる。

　通称は陶蔵。江戸の陶器師、造船技術家。幕末から明治時代に活躍。号は天禄堂。

　若くして伯父でもある井田吉久に従事し、陶業を始める。

　？年、江戸の尾形乾山に陶法を学び、精巧な技術と風流な絵でもてはやされた。はじめは極く小さな動物や植物を焼いて人目を驚かせ、次第にいろいろな「器械」も作るようになった。乾也が創始した技術は「乾也玉」と呼ばれ一躍有名となった。

　製作した電気擬宝珠・横浜電気雛形など、どんな物なのか筆者には見当がつかない。

　1853嘉永6年、マシュー・ペリーが浦賀に来航。

　長崎で仙台藩と共に造船技術に携わる。この出来事がきっかけで陶芸以外にもガラスや蒔絵等の多くの技術関係の仕事に携わった。

　？年、江戸から長崎に赴きオランダ人に造船術を学ぶ。

　？年、仙台に招かれ西洋式軍艦開成丸を建造。

　？年、水戸藩主・徳川斉昭に招かれ反射炉を作る。

　三浦の性格は磊落不羈で極めて無頓着であったから奇行や逸事が多かったようだ。江戸向島の長命寺近くに住んでいたころの逸話がある。

　昔なじみの家に運慶作の閻魔様の木像があり、頼まれてその閻魔を模した像を二体焼き上げた。現物通りに彩色したところ良い出来上がりで依

頼者の昔なじみに喜ばれた。もう一体は素焼きのままだったので仕上げてから渡すことにした。

　ところが金に困ったとき好事家に買いたいといわれ、素焼きの一体を売ってしまった。後でそれがバレて、昔なじみに多勢の前で度々催促されると閉口したという話だ（『現代百家名流奇談』（1903実業之日本社）。

　1889明治22年10月7日、死去。享年68。

　築地本願寺妙泉寺に葬られた（『工芸鏡2』六合館）。

小野寺　鳳谷（おのでら　ほうこく）

　1810文化7年、生まれる。名は篤謙、通称は謙治、号は鳳谷。

　松山邑主・茂庭氏家臣。石巻に住み学問を教える。

　？年、仙台藩儒員に挙げられ養賢堂教授。学頭・大槻習斎の指示により洋砲の鋳造，軍艦の建造の監督にあたる。もともと、海防・殖産に志があり、命をうけて西九州から東蝦夷に至るまでの地理、風俗、民族を調べ記録。

　？年、三浦の協力をえて、洋式軍艦「開成丸」の造艦を完成させる。

　詩文書画をよくし自ら描いた蝦夷全図・石巻図・松島図などがある。小野寺の興味はあらゆる方面に渡っていたらしく『赤穂事件の検討』（金杉英五郎・日本医事週報社）に「小野寺鳳谷の所見」が載っている。

　また、達識の士として評価され交際も広かった。とくに**斎藤竹堂**（陸奥国）、**南摩羽峰**（会津）、**重野安繹**（成斎・薩摩）ら漢学者・歴史家と近しかった。斎藤、南摩、重野らは昌平黌で学んでいる。小野寺も同学と思いたいが、書いたものが見当たらず、判らない。

　1866慶應2年4月13日、死去。57歳。

『仙台藩人物叢誌』によると、著述は、海防策・西遊諸記・鉱山小誌・北遊日箋・東遊蝦夷海程図、「開成丸航海日誌」など多数。

　小野寺鳳谷も三浦乾也もよく仕事をし、当時は名も知られていたようだが、手元の人名辞典に名はない。歴史に名を残すのは難しい。

台湾高等法院長　髙野孟矩 （福島県新地町）

　講座、講演を聴講する楽しみは、知識もさることながら講師の行間の
お言葉、余談、さらに受講生同士の交歓がある。早稲田大学オープンカ
レッジで、新幹線で早稲田に通う80歳の男性、目黒さんに出会った。

　目黒さんは福島県相馬郡新地町にお住まいで、新地町駅から仙台駅に
行き新幹線で上京されていた。その新地町が東日本大震災の津波に襲わ
れた。

　海辺の家々、新地町駅も跡形もなく流されてしまった。横倒しになった
電車の映像を覚えている人もいるでしょう。目黒さんのお宅は幸い無事だ
ったが、町の復興に奔走するなどたいへん忙しかったようだ。無理が祟っ
たらしく、暫くして亡くなられた。とてもお元気な方だったので死去の知
らせに驚いた。教室で黙祷、ご冥福をお祈りしました。

　その新地町を震災前の秋9月受講生有志で訪れ、目黒さんに案内して
頂いた。

　戊辰戦跡、文化財、史跡巡りをしたのである。その際、1872明治5年
学制頒布直前にはじまったという藁ぶき屋根の小学校「観海堂」が印象
に残っている。

　新地町、明治の初めは宮城県だったそうで、観海堂は福島と宮城の両
県でもっとも古い学校といわれる。

　観海堂の最初の先生は、仙台藩（伊達藩）養賢堂出身の氏家閑存（うじ
いえかんそん）。

　氏家は江戸の昌平黌で学び、養賢堂教授となり藩主の侍講に抜擢され
た学者。戊辰戦争時は奥羽列藩同盟の結成に活躍、そのため明治政府
から徒刑1年に処せられている。

　観海堂を開くに際しては町の人たちの惜しみない協力があった。また、
学校は田んぼを持ち、とれた米を売るなどして授業料を取らなかったから
多くの生徒が通学した。

その一人が、のちの台湾高等法院長・髙野孟矩(たけのり)である。

髙野　孟矩

　1854嘉永7年、磐城国宇多郡(現新地町)生まれ。

　父は仙台藩士・伊達五郎の家臣。戊辰戦争に14歳で出征。

　その後、観海堂で学び、角田県立学校助教、磐前県聴訴課三春出張所勤務を経て上京。

　東京で大木喬任(東京府知事、枢密院議長)の書生となる。

　1880明治13年、大木の推薦により検事に任用され大阪上等裁判所、島根県松江裁判所などの勤務をへて判事に転任、

　1891明治24年、札幌裁判所長、明治27年新潟地方裁判所長などを歴任。

　1896明治29年、日清戦争後日本に割譲された台湾に総督府民政局事務官として赴任。5月台湾総督府法院判官に任ぜられる。ときに42歳。

　台湾の司法制度確立に赴いた髙野だが、水野遵総督代理(民政局長)ら行政官僚と台湾統治の認識に相違があった。髙野は台湾総督府の官吏の実態を批判、意見書を要路の高官に送るなどした。やがて台湾総督府内部の汚職が発覚、疑獄事件の摘発に至った。

　台湾総督府内での疑獄事件頻発に、**乃木希典**(第3代台湾総督)は人事の刷新をはかり総督府の首脳者を更迭。そのとき不正をただす側の髙野をも非職にしたのである。

　非職：官吏としての地位はそのままで、職務だけを免ずること。

　これに対し、髙野は司法官の身分は憲法に保障されていると主張し納得しなかった。そればかりか、抗議書をそえて非職辞令を内閣に送り返し、高等法院に法院長として出勤。ところが強制的に排除されてしまった。

　現職裁判官が公権力をもって法院の外へ排除された事件は、台湾総督府法院判官の身分保障問題、さらに帝国憲法の台湾への適用をめぐる問題にまで発展した。これが報道されるや大きな反響をよび、世間の注目が集まった。髙野に同情があつまり、一時帰国のときには激励会、歓迎

会が行われた。次は報道の一部である。

時事──髙野台湾高等法院長を非職処分、明治30.10.6

東京日日──疑獄事件が絡む、捜査は中止、30.10.8

日本──髙野法院長追放に強権発動、30.10.31

東京朝日──非職は違憲として処理、31.7.12

日本──軍人・官吏の横暴・不敗が端緒、32.10.4

　髙野は政府の命令は不法だとして従わず、抗議書を何通も内閣に提出、強硬な態度をとり続けた。世論も政府非難で盛り上がり、髙野はついに懲戒免官を申しつけられた。

　あくまで折れない髙野に対し、「非は非としてそれは大抵に切り上げ、何か役に付いたがよかろう」と勧告する人もあったが、「憲法擁護は命がけの仕事である」といって、大木伯から借り受けた二十畝の田畑を耕して生計の資にあてた（『最近社会百放談』1902　長谷川善作編）。

　髙野事件は国会でも議論され松方内閣も影響を受け、また他の問題もあり総辞職した。いっぽうの髙野は、東京の郊外で農耕をしていた。

　1902明治35年、東京地裁検事局に弁護士登録。

　前後して宮城県郡部選挙区から衆議院議員選挙に出馬。初陣の選挙は落選、第8回総選挙で当選を果たす。髙野はこの後も総選挙に出馬するが選挙費用によくない風説（政府よりの支出）があった。

　後年またも落選を経験するが次の選挙で当選、再び衆議院議員に返り咲いた。

　ところが、髙野が社長の会社に係わる詐欺事件が国会で審議され、賛成多数で退職するはめになった。不名誉な事件で議員を退く。

　1919大正8年、自己の経営する宮城県牡鹿郡稲井村金山金鉱を調査のため仙台駅に立ち寄った待合所で卒倒、そのまま帰らぬ人となった。享年64歳。

　台湾高等法院長非職事件が起きた当時、髙野孟矩は時の人となりたいへんもてはやされた。しかし今知る人は少ない。筆者も新地町に行くまで知らなかった。

どのような事件、どういう人物か、見てみようと思ったが、資料が見当たらなかった。大学図書館で「明治三十年・台湾総督府高等法院長髙野孟矩非職事件・楠精一郎」を見つけていろいろ理解できた。該当資料がなければ書きようがなかった。

　髙野孟矩が埋もれてしまったのは、晩年の生き方にもありそう。名を残すのは難しい。

　参考：『近代日本史の新研究　Ⅲ』北樹出版＜明治三十年・台湾総督府高等法院長髙野孟矩非職事件 —— 楠精一郎＞／「新地町の文化財」（2007.3.30編集発行　新地町教育委員会）

2013.12.07 ——————————————————————————

1928ワールドシリーズ、ベーブ・ルースと会った河野安通志

　先日、県予選を勝ち抜き全国大会出場を決めた卓球コーチが、自分以外の代表がみな平成生まれ、「昭和60年代生まれは若くない」と思ったそう。明治どころか昭和も遠くなりにけり。いずれにしても昭和は長く、昭和初期の青年は明治生まれである。その明治も半ばを過ぎるとスポーツが盛んになり、熱中する若者も多かった。

　昭和のはじめ、ワールドシリーズ観戦にアメリカに行った野球人は明治生まれ、往年の早稲田大学エース河野安通志（あつし）である。

河野　安通志

　1884明治17年、石川県加賀市で生まれる。

　父は旧加賀藩士、妻は学生野球の父・**飛田穂洲**（とびたすいしゅう）の妹。

　一家で横浜に転居、旧制横浜商業高校、明治学院、早稲田大学へ進学、野球を続ける。

　第1回早慶戦に先発、試合は敗れたが、その後はエースとして活躍、日本一に貢献。監督の**安部磯雄**は日本一の褒美としてアメリカ遠征を大隈

重信学長に願い出て許可された。

　1905明治38年、早大チーム渡米。アメリカ各地の大学や軍のチームと対戦し成績は7勝19敗、エース河野は24試合に登板した。

　この遠征で24試合を投げぬいた河野はIron Kouno（鉄腕河野）と称賛され、今では珍しくないがスローボール、ワインドアップの技術を伝えた。ワインドアップ投法はファンを魅了、画家・**竹久夢二**も「夢二画集─春の巻」で河野に触れている。

　ところで帰国してすぐ早慶戦が行われ、早稲田は0:5で負け。

　次は河野の談話

　───翌日の新聞で河野は手をぐるぐる廻してプレートの上で踊ることばかり覚えてきた。あれでは何になるのかと悪口を書かれました。22年後の今日（昭和3年）では、ベースボールをやるところの人は中学生は無論のこと小学生の小さなところでもピッチングをやる時は手をぐるぐる廻している。あれは僕が元祖なんだ（笑い）。

　明治半ば、野球人気は過熱気味で**新渡戸稲造**の野球熱批判や、東京朝日新聞の**「野球は害毒」**キャンペーンが展開されたりした。

　これに対し読売新聞主催「野球擁護の大演説会」には千名を超す聴衆が集まった。小説家・**押川春浪**、早大野球部長・**安部磯雄**、**河野安通志**らが野球の効力や必要性を述べた。

　河野は野球害毒論の「野球をやると利き手が異常に発達するので有害」説に対し、自らの両手を挙げて反論した。

　1920大正9年、河野は**橋戸信**らと日本初プロ野球チーム・日本運動協会（芝浦協会）を創設。芝浦球場を本拠地とし、アマチュアチームや人気の古巣、早大野球部と対戦した。

　1923大正12年6月、初めて同じプロ天勝野球団と京城の竜山満鉄球場で対戦。日本運動協会が勝ち越し意気上がった。

　しかし、**9月、関東大震災**。芝浦球場は「震災復興基地」として内務省に差し押さえられ、チームは解散。その後、**阪神急行電鉄の小林一三**の支援を受け本拠地を宝塚球場に移転、チーム名も宝塚運動協会と改

称し再建を図るも、**世界恐慌**によりまたも解散。

1928昭和3年、河野安通志はワールド・シリーズ観戦に渡米。新聞記者の資格でアメリカの記者たちと球場へ行き、選手席でヤンキースの**ベーブ・ルース**に会った。

観戦記は『スポーツ年鑑』に野球人ならではの詳しい記述があるが、ここでは河野のベーブ観を『世界人の横顔』から一部引用。

野球を精神修養の野球道とではなく、仕事、職業として捉えている点がプロ野球の創設者らしい。

——体格は実に立派なもので30貫（約112kg）もありましょう……ヤンキースの勝因はいつも彼が作り、まるで一人舞台でした。少し専門的になるが、彼のバッティングは全く独特でゴルフを打つのと同じです。自分でも「ゲーリッグは腕で打つ。だから良い当たりの時は必ずライナーで、フライの時は必ず当たり損ねで腕のどこかに力の抜けたところがある。おれのはスゥイング・フロム・ザ・ヒール、踵で打つのだ。だからいい当たりがすれば必ず大フライで、スタンドに打ち込むかスタンドの向こうに落ちる。おれは打撃率では誰にでも勝つとはいえないがホームランなら絶対に負けない」といってます。

——彼が野球界で如何に人気を持っているかは、8万ドルという法外な給料がよくそれを表しています。昔は槍一筋で5千石と言いましたが、ベーブはバット一本で8万ドルというわけです。アメリカには職業野球団が非常に多く、数えると33ありますが、小リーグになると一人の給料の平均2〜3千ドルですから1チームの人数が20人としても6万ドル足らずでベーブ一人の給料にも及びません。岩見重太郎は十人力とか二十人力とかいいますが、ベーブは給料にかけては20〜30人力です。

1934昭和9年、ベーブ・ルースが大リーグ選抜チームの監督として来日。ベーブはもう最後の年で実力は衰えていたが、日本の大歓迎に感激して自伝に述べる。

——その旅行は私たち全員にとって素晴らしい経験だった。日本人はこの7年後に奇襲（パールハーバー）を仕掛けてくるのだが、あのとき彼ら

が示してくれた歓迎は、どう見ても本心からだった。……振り返ってみて、**やはり政府の頭がおかしくなってしまうと、やさしい国民をもどうしても戦争に追いやってしまう、また一つの例だと思う。**

　アメリカチームを迎え撃つ全日本もメンバーをそろえ対戦した。おおらかで、豪快で、楽しさに満ちた野球は日本人を楽しませた。もう最後の年で実力は衰えていたベーブ・ルースだが活躍はめざましく、熱気を巻き起こした。この時の河野の動静は分からない。

　1936昭和11年、プロ野球リーグが結成され河野は名古屋軍監督に迎えられる。

　1937昭和12年、名古屋軍を退団して、後楽園イーグルスを創設。

　1941昭和16年、ベーブの言う奇襲、真珠湾攻撃で太平洋戦争がはじまる。

「大和魂」で野球をしていた河野も「大和軍」と改称していた球団を解散。チーム編成どころか野球もままならない中で敗戦を迎える。

　1946昭和21年1月21日、脳出血で急死。

　プロ野球創設と挫折の人生を終えた河野安通志、享年62。蔵書は野球体育博物館図書室の元になる。

　1960昭和35年、特別表彰で野球殿堂入りを果たす。

　参考：インターネット＜河野安通志＞/『日米野球裏面史』2005佐山和夫（NHK出版）/『スポーツ年鑑昭和3年版/4年版』1929（大阪毎日新聞社・東京日日新聞社編）/『世界人の横顔』昭和5（四条書房）

2013.12.14 ────────────────────────────
教育に力を注ぐ小学校教師、花巻の歌人西塔幸子（岩手県）

　澄み透る空の青さよ掌にくまむ　水の清さよ美しこの村
　声あげて何か歌わむ　あかあかと夕陽が染むる野面に立ちて
　憂きことも束の間忘れ　すなおなる心になりて山にものいふ

生きることのせつなき日なり　うつしみのすくやかなれと母はのちせど

西塔　幸子（さいとう　こうこ）

1900明治33年、岩手県紫波（しわ）郡不動村（現矢巾町）で生まれる。本名カウ。

実家の大村家は教員一家で、祖先に南部藩砲術指南・大村治五平がいる。

1919大正8年、岩手県師範学校女子部を卒業。

当時としては珍しかった女教師の道を選ぶ。郷里の岩手県内の九戸郡、下閉伊（しもへい）郡など各地の小学校で教鞭をとり、結婚後も子どもの教育に情熱を注ぐ。6人の子どもを生み育て、わが子を題材にした歌も多い。また、作風から「女啄木」と呼ばれる。

1921大正10年、磯鶏（そけい）尋常高等小学校へ、夫は鍬ヶ崎（くわがさき）の尋常高等小学校へ赴任。

大正・昭和初期、北上山地の人びとの暮らしは豊かではなかった。それに加えて世界経済恐慌、凶作、飢饉が重なり、子どもの出稼ぎという悲惨なこともおきた。

幸子は日誌に記す。

──打ち続く農村疲弊、かてて加へての凶作、木炭業を生計とする此の地方では木炭の下落が如何にこの罪無き、爛漫の児童の生活まで脅かしゆく事か、はるばると通学してくる生気のない欠食児童の顔！

私は今日悲しいことを二つの目で見、耳で聞いた。私の曾ての教え子は（本年15歳）料理屋に売られたとの事……細面の寂しみのあるきれいな子だった。私はその話を面白そうに話してくれた人の前で顔をそむけて目をふせた（『宮澤賢治のヒドリ』）。

幸子は花巻の西塔家に請われて嫁入り。夫も小学校の教師でのちに校長をつとめたが、家庭は必ずしも平穏であったとはいいがたい。西塔家からすれば嫁の幸子が歌人として教師としてもてはやされ、ラジオ（盛岡放送局）にでるなど、一家して喜べないものがあった。

1933昭和8年3月、三陸大津波の大惨事を岩手日報に投稿して惨状を訴え、県民の共感を呼び復興に寄与した。

　三陸は1960昭和35年のチリ津波でも大津波に襲われ、2011平成23年3月の東日本多震災も言葉にならないほど大惨事となった。あれから2年半になるが復旧未だし、被災地は今なお復興に励んでいる。そうした復興現場への応援サイトの一つが「JR岩泉線復旧応援サイト」"西塔幸子の歌で辿る岩泉線沿線"である。

　1935昭和10年、幸子記

───前年に続く凶作にて村の疲弊甚だしく児童等の意気消沈せるをみて心には悲しみの歌を歌いつつ…毎日数十人の児童に給食をなす。

　給食の菜の代わりと折りて来し　蕗の皮むく夜のしじまに
　干鱈を数いくつかに切り終へて　給食の支度今日も終へたり

　幸子は子どもの教育に力を注ぐ一方、歌づくりに没頭し各方面へ投稿、女啄木といわれ注目を集めた。それにより家庭生活に不協和音が生じたが、歌への情熱は捨てなかった。凶作、出稼ぎにゆく婦女子、南米や新大陸へ移住をはかる人たちへの歌もある。

　凶作に衣のうすきにふるゐる　生徒にはかなしこの校舎はも
　ストーブに小石あたためふところに抱く　児等あり校にきたりて
　みちのくの閉伊の郡の冷えしるく　障子なき教室に児等ふるへゐる
　訓練所卒へてきたれる教え子の　肌の黒きが嬉しかりけり

　1936昭和11年、川井村の江繋（えつなぎ）尋常小学校に在任。

　5月、急性関節リュウマチで入院。その3日後に8番目の子の4男を出産。

　6月22日、「心の落ち着きを得る一首がほしい」と訴えつつ肺炎で死去。36歳。若い死はいたましく、4男も5ヶ月後に死亡した。

　遺稿歌集『山峡』（やまかい）

最後の赴任地、下閉伊郡川井村江繋（現・宮古市）に「西塔幸子記念館」があり、歌碑が村人たちと苦楽を共にした川井村・新里村・岩泉町・田野畑村・矢巾町に建てられている。

　江繋（えつなぎ）小学校は2015年、児童の減少により139年の歴史に幕を閉じた（毎日新聞2018.11.14〔山は博物館〕女教師は北上山地の苦しみ歌に）。

　参考：『宮澤賢治のヒドリ』2008和田文雄著・コールサック社／『岩手県の歴史散歩』2006岩手県高等学校教育研究会地歴・山川出版社／インターネット歌碑のある町村、田野畑村ほかHP参照。

2013.12.21 ─────────────────────

中国「演義小説」の英雄、誰が好い？

　K大学スクーリング授業「中国文学」最終日、試験が終わって外に出ると雨だった。折り畳み傘を広げつつ『封神演義』の仙人なら雨風を操るなんて簡単だろうなあ、突飛なことを考えた。その訳は中国文学といっても杜甫や白楽天の詩などではなく、3ヶ月間毎週、「演義小説の7作品」の英雄たちに会っていたせいらしい。

　平凡社[中国古典文学全集]全60巻を持っているが、未収録作品が『説唐』・『楊家府演義』・『説岳全伝』・『封神演義』と4つもある。「全集」といっても網羅してる訳じゃない。いまさら、当たり前なことに気付いた。

　せめて一作でもと『封神演義』を読むと、仙界と人界をまたいで英雄や妖怪が飛び交い、戦って愉快痛快、面白い。

　遊びに来た息子に見せると、「これ漫画になってる」といい、中学生の孫も知っていた。『封神演義』は国境を越え、時代を超え、若者に好まれている。

　ところで中国では、若くして『水滸伝』、老いて『三国志』といわれるそう。

『三国志』は政治的な駆け引きが描かれているが、『水滸伝』は造反物語で、明・清時代には禁書になったという。

　底辺の人々は自分が喧嘩に負けても『水滸伝』の黒旋風・李逵(りき)や、虎退治の武松らの活躍で胸がすっとするのだ。

　その『三国志』と『水滸伝』、時代背景が900年も離れている。

　自分もそうだが、たいていの日本人は気がつかない。物語を楽しめればいいのだろうけれど、900年は長い。時代が違えば文化も違う。日本内外を問わず、古典を読むなら年表を見、時代背景を知るともっと楽しめそう。

　中国文学スクーリングの先生は中国人、日本に長く住み日本の古典を研究している。日中の考え方や様式の違いなど聞けて刺激を受けた。

　次は印象に残った「違い」の一部、

　＜忠＞本来、主君に専心尽くそうとする真心で見返りを求めない。「ただ」（無料）。目上目下の関係ではない。「忠」を要求する側に利益誘導する気持ちがあるときは本来の「忠」ではない。

　＜義＞個人の利害を捨てて公共の道理に従い人助けや恩返しをする気持ち。上下関係はない。劉邦は蜀を建国したが国よりも義兄弟・関羽や張飛との義を重んじ、義弟張飛の弔い合戦に走り敗れた。国よりも義を結んだ兄弟をとるのだ。

　＜仁＞思いやりの心であり博愛の精神、仁をもつ人は希まれるリーダー。

　＜孝＞ファミリー、親に服従する心。中国や朝鮮では忠よりも孝が大切と考えられた。

　たとえば、道に外れた君主を三度諫めても聞き入れられなかったら、君主の元から去るべき。それに対し、道に外れた親を三度諫めても聞き入れられなかったら、号泣して従わなければならない。

　中国の小説やドラマで、大事件渦中の政治家が親の喪に服すため帰郷、その間に政治が二転三転というのは、まさに「忠」より「孝」が大切だからなのだ。日本人の感覚と異なる。

　さて、ひとくちに英雄といってもタイプがある。

『三国志』の格好いい関羽・明るい豪傑の張飛・レッドクリフ赤壁の戦いイケメン周瑜。

『水滸伝』宋江・黒旋風李逵（りき）・虎退治の武松。『西遊記』孫悟空。『封神演義』姜子牙（太公望）・仙人・道士、関羽と同じく神に祀られた『説岳全伝』岳飛などいろいろで、好みが分かれそう。あなたは誰が好き？

スクーリング試験、好きな英雄の英雄性について纏めよという出題で、筆者は諸葛孔明にしたが、芸がなかった。このブログでとりあげている事績があるのに広く知られてない人物や英雄を探して、自分なりの解釈をしたらよかった。今さら詮ないが。

＜蜀漢の臥龍、諸葛孔明の英雄性＞

蜀の宰相諸葛亮、字孔明は身の丈八尺、顔は冠の白玉のよう。容貌すぐれ、戦に出るときは羽扇、綸巾（かんきん・頭巾）、鶴氅（かくしょう・道士の着物）をまとい、飄々として神仙の趣がある。

自軍の将兵が少なくとも戦略を駆使して急接近する大軍を退け（空城計）、死してなお「生ける仲達を走らせ」退却させた。英雄の面目躍如である。

しかし時に敗れる。敗軍の責が指示に背いた武将であれば、たとえ愛弟子でも罰しなければならない。法は法として「涙を揮って馬謖（ばしょく）を斬る」も、その家族を憐れみ扶持を手配。やむを得ない決断ながら涙する孔明、その涙はみる者の胸をうつ。

劉備亡き後、丞相として後主劉禅を忠実に補佐する孔明。学問知識があり「漢室の再興」を図り、国を治めるべく、病の身をおして全力で後主に尽くす。

さて、いよいよとなり「後出師の表」を奉り魏の討伐に向かう。ところが時勢は味方せず、戦いは一進一退を繰り返す。百余日が過ぎたある夜「大星隕ちて漢の丞相天に帰す」孔明終焉の地、五丈原は詩跡となった。

志し半ばで空しく散った英雄を惜しむ杜甫の「八陣図」「蜀相」、日本の土井晩翠「星落秋風五丈原」などは今も愛誦され、孔明の名を耀かせ

る。

英雄の最後は文学になり長く記憶される。諸葛孔明はその一人。

2013.12.28 ─────────────────────────────

新井奥邃（おうすい）と田中正造（宮城県・栃木県）

東日本大震災、原発事故から三度目のクリスマス前＜最後の避難所閉鎖へ＞という新聞記事。福島県双葉町の住民が川俣町、さいたまスーパーアリーナ次いで埼玉県加須市に役場も移し避難所を設けていたが、年内に全員が退去する見通しになったという。

双葉町は、今なお全域が避難区域に指定されているので避難所を出ても故郷に戻れない。せめて温かくして冬を切り抜け、一日も早く安住できるようにと祈るばかり。そして笑顔を取り戻すよう願っている。

自分に落ち度もないのに、非道い目に遭い長く困難に陥った話は明治の昔もあった。足尾鉱毒事件である。その鉱毒事件**田中正造**と関わった**新井奥邃**が気になった。

波乱に富んだ前半生に驚くと同時に、戊辰戦争中に知りあった著名人や同士の縁、加えて学問もあるから、現実社会で立身できたろうにそっちに行かず、名利と無縁の世界に生きた。田中正造の激烈な心にさえ休息を与えたという新井奥邃、その心はどんなに広く、深いのだろう。

新井　奥邃（あらい　おうすい）

明治・大正期のキリスト教徒。名は常之進、奥邃は号。

1846弘化3年、仙台に生まれる。父は仙台藩士。7歳で藩校・養賢堂に入学。

1866慶應2年、抜擢され江戸遊学。昌平黌に入ったが、満足できなかったらしく＊安井息軒（そっけん）の三計塾に移る。

安井息軒：儒学者。ペリー来航で「海防私議」を著し、国防論を展開。

徳川将軍慶喜が大政奉還し鳥羽伏見の戦いがはじまると奥羽は仙台へ帰った。

　奥羽越列藩同盟は、加賀藩も加盟させようと使者を派遣することになり、奥羽は副使として金沢へと出発。ところが、新潟から先へ進めず引き返す。次いで会津への使者に従い若松城で、藩主松平容保に謁するなど奔走したが、藩主・伊達慶邦は降服を決めた。

　折しも、仙台藩の寒風沢(さぶさわ)港に榎本武揚の軍艦が寄港、仙台藩の脱走兵や志士が頼ってきた。奥羽も脱藩して便乗、函館へ赴き五稜郭に籠城する。たまたま土佐の沢辺琢磨と出会いキリスト教の教義を聞いて興味を抱き、ロシア宣教師のニコライを訪ねる。

　籠城するうちに奥羽は「新政府軍が攻めてくるのをただ待つより積極的に戦おう」と榎本に進言、用いられ仙台に募兵に行くことになった。

　奥羽と同志金成の二人は、ラッコ猟の外国船に乗り仙台で下船するつもりだった。ところが船は金を受け取りながら仙台へ寄らず房州に向かった。二人はやむなく房州に上陸、空しく過ごしている間に五稜郭は陥落してしまった。

　奥羽ら二人は秘かに仙台へ帰ったが、お尋ね者となり京へ逃れた。翌年、金成は東京に残り、奥羽は函館へ戻った(『新井奥邃先生』1991永島忠重、その他)。

　函館の奥羽はニコライについてキリスト教を研究していたが金成の手紙で上京。

　手紙には「森有礼・特命弁務使(全権公使)がアメリカ赴任に際し留学生を伴う。それに選ばれた自分の代わりに奥羽を推薦した」とあった。

　奥羽は急ぎ上京、**森金之丞(有礼)**に面会、官費留学生としてアメリカに行くことに。

　1871明治4年12月、新井は岩倉使節団と同船して年末にサンフランシスコ到着した。

　船には多くの留学生に交じって**山川捨松**ら女子留学生の姿もあった。

　1872明治5年春、奥羽は他の留学生のように普通の学校に行かず、森

有礼の紹介でニューヨーク・ブロクトンの*トーマス・レーク・ハリスに入門。

　後に奥邃は、ハリスを中心とする一団に従い、サンタ・ロウザへ移り、54歳で帰朝するまで原野を開拓する労働に従事しつつ修養した。

　*トーマス・レーク・ハリス：アメリカでも知る人が少ないが、**横井小楠**がハリスの風説を耳にして「この我利世界に頼むべきは実に此の人あるのみ」と感嘆している(小楠遺稿)。現在、ハリスに対する評価は難しく評価が分かれている。

　1901明治31年、田中正造が天皇に直訴。

　1889明治32年、奥邃帰国。待つ家族もなく、住む家もなく、帰朝後しばらくは東京の神田、角筈、滝野川辺に仮住まいした。

　アメリカ生活30年、キリスト教を研究して帰国した奥邃は巣鴨庚申塚の二軒長屋に、少人数を集めて論語や孟子の講義をした。英語でなく漢学を教えたというのは、工藤直太郎(『新井奥邃の思想』1984著者)がいうように不思議だ。

――先生は曽て何らの宗派にも団体にも属されなかった。所謂宗教家らしい様子は少しも無かった。又他人に調子を合わせ、俗世と妥協するような事は固より毛頭も為さらなかった。而して苟も学を衒い自ら是とするような風は些少だも無く、常に黙々として、徒に弁を好む如き事は全く無かった (『内観祈祷録・奥邃先生の面影』1984)。

　奥邃が帰国したころは**足尾銅山鉱毒事件**が表面化して大きな社会問題となっていた。

　精錬所から出される鉱滓や有毒の汚水は渡良瀬川流域の被害を拡大し、収穫が皆無となる場合が珍しくなかった。しかし鉄と銅は軍需品生産の基礎となる資材であったから、政府は古河に適切な防災設備を採らせることを怠った。

　田中は衆議院議員として被害農民の陣頭に立って鉱毒運動を続けていたが、万策尽きて天皇に直訴したのである。長い戦いで家財を差し押さえられ私財を使い果たし、弁護士も政府の圧迫をおそれて訴訟を引き受

ける者がいなかった。

奥邃は田中の天衣無縫、闊達な人柄を愛し同情して、門人の法学士・中村秋三郎を弁護人に推薦した。中村は田中の義挙に感銘、報酬を受けず私財を尽くして運動を助けた。

田中はクリスチャン巌本善治の紹介で奥邃と出会ったのである。奥邃の論語の講義を聞いて常に論語と聖書に親しみ、奥邃「語録」を持ち歩いた。また謙和舎の簡素、清閑な生活が気に入りたびたび泊まった。

1903明治36年大晦日、東京市外巣鴨村に一棟を新築、20人ほどの学生と住んだ。その家を謙和舎と名付け他界するまで生活した。

1913大正2年、田中正造は渡良瀬川沿いの他人の家で波乱の生涯を閉じた。72歳。

密教的な原始キリスト教を信奉した新井奥邃は反戦と平和を支援、足尾鉱毒事件の他に日露関係と軍拡、シーメンス事件、女性解放などについての所見を「語録」に残している。また『読書読』を発行、詩人高村光太郎は何百回も読みかえしたという。

1922大正11年6月16日、新井奥邃死去、77歳。世田谷の森厳寺に葬られ、遺言により墓石でなく木標が建てられた。木標の記銘は内ヶ崎作三郎(ブログ・ある早稲田つながり2012.12.22)、のち石碑が建てられた。

2014.01.11 ───────────────────────────────

詩は臥城、人物評論は鉄拳禅 (宮城県)

詩は臥城(がじょう)、人物評論は鉄拳禅、短歌は甫(はじめ)、俳句は牛南、どれも吉野が使い分けた号である。吉野は小説も実用書も書くという多才な人物だが知る人は少ない。

筆者も東日本大震災原発事故後、ささやかな応援の気持ちから東北人を探すなかで知った。　間口が広く、的を絞りにくいので『吉野臥城評伝的著策略年譜』(1994吉野臥城研究会)をたよりに、臥城と鉄拳禅二つな

がらみてみる。

吉野　臥城

　1876明治9年、宮城県伊具郡角田町（角田市）に生まれる。

　父は帰農士族（旧臥牛城・石川藩士）吉野儀平。本名・甫。

　父儀平の帰農は廃藩置県と強制的な帰農政策による。わずかな耕地を与えられたものの知行を奪われ禄米に窮し、内情は苦しかった。

　1890明治23年、角田尋常高等小学校卒業。

　1891明治24年、15歳。角田小学校代用教員。

　このころ『新体詩詩歌』を読み、落合直文の【孝女白菊の歌】を愛唱。吉野は詩人も短歌、俳句、新体詩を作るべきだと考え、大沼畔の入日を和歌に詠んだりした。

　1894明治27年日清戦争。従軍詩や軍歌が歓迎されたが吉野は新体詩や句作を試みた。

　1895明治28年、従軍兵士の死を悼む友人の悲しみ【幻影】を『文学界』に投稿。

　投稿雑誌『文庫』が創刊されると、臥城を用いて投稿。選者は与謝野鉄幹、相馬御風らでここから一家をなした者は多い。吉野もその一人、他に窪田空穂、川路柳紅、北原白秋ら。

　1896明治29年夏、東京専門学校（早稲田）英語政治科に入学。

　9月8日、渡良瀬川の大洪水で足尾銅山の鉱毒水が沿岸を襲う。

　1897明治30年、師範学校の講習を受け、小学校本科正教員の検定試験に合格。

　角田小学校に勤務。

　3月3日、足尾銅山鉱毒被害民が請願のため大挙上京。内村鑑三がこれに言及『万朝報』に英文で記事を書いた。同月24日鉱毒被害民大挙請願のため再び上京。

　渡良瀬の　川のはる風　身にしみて　田をすきかへす　男やせたり

　当時、清新の気にみちた新体詩が盛んで藤村の『若菜集』が刊行され

ると、吉野は、

―――時しくも「若菜集」が萌え出た。芭蕉葉そよぐ夕風の椽（たるき）にして之を読んだ。自分は風呂を浴びることも忘れて、この浦若い詩人の情熱の韻致と紅涙の筆痕とに恍惚として了った……その清新のにほひと温かき血とに胸を轟かしたのは、自分ばかりではないだろう（臥城『詩壇の回想』）。

　1898明治31年、内村鑑三『東京独立雑誌』創刊。吉野は児玉花外らと同人になる。

　内村に傾倒した吉野の、『聖書之研究』創刊を祝う内村宛て書翰が残されている。

　1900明治33年、足尾鉱毒被害で為政者に対するうめき【荒村行】、川俣事件における農民多数の負傷と収監の事実に符合する詩【義人の声】を発表。

―――ああ荒寥たるかな、この村。西に落ちゆく月の色を見よ、涙をのみて泣かむとするにあらずや。なにがしの川にそひたる野末の伏屋に夜もすがら灯の消えざるは何か。心あるものは訪なへ、而して鶴の如く痩せし翁の炉辺に女と語るを聞け（後略）

　1901明治34年、足尾鉱毒事件をテーマとした処女詩集『小百合集』、翌35年『野茨集』刊行。また、吉野は仙台にて俳壇を牽引、詩歌雑誌『新韻』を主宰発行。

　さらに佐佐木信綱の短歌革新運動にも参加、宮城県の短歌会に大きな影響を与えた。

　1905明治38年、日露戦争中、『東北新聞』俳壇選者となる。

　この年、石川啄木が仙台を訪れると、吉野は土井晩翠の家に案内。啄木は晩翠に借金を申込もうとしたが切り出せず、妹に書かせた「母危篤」の偽手紙で、夫人から15円借用、宿料も土井家に附けて仙台を離れた。なんとも寂しいエピソードである。

　1906明治39年、吉野は単身上京、神田淡路町のあまりきれいでない下宿屋を借りる。

1908明治41年小説『痛快』。『明治詩集』編集、翌年姉妹編『新体詩研究』を刊行。『明治詩集』は島崎藤村・土井晩翠・上田敏・馬場孤蝶・森鷗外など当代の16詩人が並ぶ。日夏耿之助はこれを評して、「諸家の旧功を並べ上げたもので、おのづから一種の結末をつけた意味がある」。

　ちなみに『明治詩集』にある吉野の【埋火三律】は、日露戦争で働き手を失った東北の農村が、二度にわたって凶作に襲われ貧苦に陥った様を歌った長い詩である。

　同年、児玉花外、河合酔茗らと「都会詩社」を結成して詩の近代化をはかる。

　1909明治42年1月、評論「文芸取締諸問題」を読売新聞1909.1.14〜1.16に発表。

──── 小説家を接待した西園寺内閣時代でも、文芸作品を検閲する警部などに更迭がないと見え相変わらず発売禁止が盛んである……

　1910明治43年『明治百人十句』（昭文堂）超流派的な俳句集を監修。

　1913大正2年、以下は『宮城県人』<臥城吉野甫氏追討号>より

──── 二枚舌の卑劣さ、腹背面従の狡猾偽善、白々しい鉄面皮、そんなものに堪えきれずに鉄拳を振う……それが詩人的多血性・情熱性と結びついて義憤となり、早い「社会主義詩」とみられ、詩人的義憤を感ぜざるを得ない現実に目を蔽っていることはできなかった。またそれは『中央公論』『新公論』紙上の人物評論に縦横の貶賞を試みるに至った所以である。吉野は「新公論」編集に関係、宮地嘉六ら労働作家に発表の場を与えた。

　このころから鉄拳禅の名で人物評論を発表、この方面で一家をなした。政界にも知り合いができ「大隈侯の秘書にならないかという話もあったようだ（吉野4男・裕）」。

　1915大正4年『時勢と人物』『党人と官僚』『日本富豪の解剖』『現代女の解剖』と『元老と新人』（1917）、明治大正時代人物史5部作刊行。彼の社会批判の精神が示され、自由人としての反骨の確かさを示した。次

はその一部、

――（白頭総裁**原敬**）後藤と原、二人は共に岩手県の産なるも、**後藤新平**は仙台領にして、原敬は南部領也。旧習慣の彼等の頭脳を支配し……二人の間柄とかく面白からず。……立身の系統を以て論ずれば、後藤は純官僚にして、原は準官僚也。官僚に攀縁（ひっぱりあげる）なくして立身すること能わざる当時の状勢よりすれば、才人等のここに至れるは無理もなき次第……原は転んでも、唯は起きざるの人物也。後藤は他を押倒しても、己れの倒れざらん事を欲する男なり（『党人と官僚』）。

――（財閥の擁護者）現下巨富を擁して実業界に雄飛するは、明治維新当時の御用商人の成上り也。……藩閥の二大勢力圏は、長閥及び薩閥也。肥土の如きは、新政府の曙に於てこそ光を放ちたれ……薩長両閥の二大分野は独り陸海軍のみに止まらず、官界より延いて実業界にまで及べり（『日本富豪の解剖』）。

――（恋の**一葉**女史）女史は勝気で、頑固な処はあつたが、温かな、優しい女性であつたのである。ちよつと見は病身で弱々しそうであつたが、内実は降り積る雪に撓んでも折れないやうな勁さがあつた。心には自由を思うてゐても、行には放縦を許さなかつた。下町風な優しい女！優しい内面には任侠（おきゃん）な処もあり、きさくな処もあつた……も少し早く生まれたならば、自由民権時代の女傑となつたかもしれぬ（『現代女の解剖』）。

 1922大正11年、長崎村地蔵堂1049（現豊島区）に一軒家を借り、妻花子と末子の裕を郷里から呼び寄せた。花子に会った岩野泡鳴は吉野に言った「こんないい奥さんを田舎にほったらかしておくなんて吉野君はじつにヒドイ人間だ」。

 1925大正14年、雑誌『宮城県人』創刊。

――晩年は不遇で、郷里の宮城県人会の機関誌を編集してかつがつの生計をたてていたらしい。池袋の奥の長崎に住んでいた……臥城はとても皮肉屋で諧謔がうまく、明星の詩歌人たちの噂などして私を笑わせた（『宮城県人』印刷者・渡辺順三）。

1926大正15年2月、前年夏に煩った脳溢血が再発、4月24日死去。享年51。

余市りんごと会津人の困難 （北海道・青森・福島）

厳冬の下北を、一度は訪ねてみるといい。雪は足もとから吹き上げてくるのだ。海は荒れ、一寸先の風景は白く塗りつぶされる。人びとは声をひそめ、身を屈めて、不遇の時を耐える。百十余年前、会津は厳冬の中にあった（『斗南に移された人たち　北辺に生きる会津藩』会津歴史資料館）。

引用の冊子に「会津人と余市苹果」の項がある。りんご（苹果）と言えば青森県・長野県をイメージ、「余市りんご」は知らなかった。それで、余市を検索すると、『遞信畠の先輩巡礼』（北海道余市局で電鍵を叩いた文豪・**幸田露伴**博士──内海朝次郎著1935交通経済出版部）というのがあった。好きな露伴にちょっと寄り道。

1885明治18年、露伴18歳、電信修技学校を卒業。

北海道後志国（しりべしのくに）余市に電信技手として赴任。余市で3年近い孤独生活をあまたの読書で耐え、辞表を出すも受け入れられず職を放棄し北海道を離れた。

陸路を徒歩で福島に行き、そこから汽車で東京に帰ると、父や兄の不興を蒙りながらも小説を書きはじめた。以来、知る人ぞ知る活躍、深い教養、該博な知識、洗練された文章により業績を残した。露伴の「突貫日記」は余市が主舞台。

1867慶應3年、大政奉還の年、幸田露伴生まれる。

1869明治2年、会津若松城落城。戊辰戦争となり戦いのさなかに明治と改元。

会津藩は処分されたが3万石で立藩（斗南藩）が許される。領地は青森・岩手両県の一部、のち北海道後志国と胆振（いぶり）国の一部。23万石か

ら3万石、それも実高7千石で旧藩士を養えない。新政府は北海道開拓に、謹慎中の会津人を送り込む。

　北海道に渡った会津人は220余戸、700人ほど。第一陣は*兵部省係員の引率で新政府雇のアメリカ船*ヤンシー号に乗船、品川を出港し慣れぬ船旅に苦しみながら小樽港に着いた。彼らは兵部省斡旋の借家に入り寒さに耐え農業授産の施策をまった。

　北海道開拓と経営の行政機関として開拓使が設置され、北海道と樺太を管轄していた。ところが、**開拓使**と兵部省の仲が悪く、兵部省管下の会津人は北海道開拓の援助を受けられないでいた。折しも、樺太開拓使が独立したので会津人は樺太開拓を目指すことにし、受け入れ体制が整うまで一時、寄留地として余市に移る事になった。

　*兵部省：陸海軍、郷兵召募、守衛軍備、兵学校を管掌。

　*ヤンシー号：会津人乗船の報告なのか不明だが、ヤンシー船について岡本監輔（カラフト開拓）が大隈重信に宛てた書簡が早稲田大学図書館にある。

　1871明治4年、小樽の200所帯のうち半数が荷物は船で、人間は余市まで24キロを歩き通して現地入りした。ところが、移転が終わると同時に樺太開拓使が廃止となり北海道開拓使に統合される。東京の開拓支庁を札幌に移し、10ヶ年計画で御雇外国人を導入、本格的な開拓を開始した。会津人はもともと北海道より寒さ厳しい樺太移住を願っていた訳ではなかったから、余市に踏みとどまり開拓使の援助を受けることにする。

　旧会津藩士は武家屋敷とは比較にならないものの、共同浴場付の小屋が確保され、会津部落建設に取りかかった。余市で農業授産によって生計を立てることを願い、自治組織を整え、子弟教育の為に日新館を再建した。

　一方の下北半島の斗南藩はこれより早く、移住も落ち着かないうちから「斗南藩学校日新館」を開設していた。

　余市：『小樽区外七郡案内』（山崎鉱蔵著1909）より

　───余市郡は小樽区の大郡にして、漁業に農業に後志国地名の地たり。

――余市の名はアイヌ語イウオチにして温泉あるの義なり、余市川の上流温泉多。

――明治4年、会津藩士を移して黒川、山田2村を開き、さらに富沢町を設く。

余市苹果(りんご)**の沿革**

1874明治7年、開拓使庁より黒川村農会社に苹果、葡萄、梨、洋李(すもも)などの苗木、数百本を交付せられ、同会社はこれを苗圃に移植し適否を試験した。

1875明治5年、さらに500本の苗木を各農家に数本宛配布試植せしめた……山田村の百瀬、船橋両氏の果園には配布の苹樹の結実するを見る(『最新北海道苹果栽培実説』鈴木真著1916余市病理研究所)。

北海道開拓使では無料でりんごをはじめ各種苗木を全道の農家に配布したのであるが、開墾会社に植え付けられたりんごの苗木も放置状態であった。黒川、山田両村の会津人もりんご栽培の経験などなく、

――各戸に配られた苗木を、ただ畑隅または庭先などに植え殆ど顧みなかった。ところが、1879明治12年「偶々山田村赤羽氏の庭先にありし19号、金子氏の畑隅にありし49号……粒形肥大紅色鮮やかなる数個の結実を見る。又、金子氏畑隅にありし樹にも粒形中赤縞条点ある堅き実を見るに至れり。49号なり。

札幌の共進会に参考品として出品、風評大いに広まる。

――りんごの結実は、漁場や道路工事で日銭を稼ぐなど、士族の意識をかなぐり捨てて生活の為に奮闘しつつあった会津人たちに大いなる希望を与えた。以後、余市に残留した会津人たちはりんご栽培に力を入れ明治20年代(1887~)には、余市に本格的なりんご園を形成、努力が報われた(『北辺に生きる会津藩』)。

――今の余市。余市で名高いのはリンゴと鰊です。果物や米の産地は山田村・黒川町方面で、米は旭川米にもまけない程のよいものがとれてゐますが、ことにリンゴは本道第一で赤いリンゴが枝も折れんばかりに実るころはきれいです。19号は余市の特産ですが、49号・6号・14号もよ

く育って近年は年産額90万円こえた時もありました（『余市町地理読本』
昭和11年北海道教育研究会）。

　ちなみに青森県のりんごは1875明治8年、内務省勧業寮から配布を受
けたのが始まりで、余市りんごより早い明治10年結実をみている。この
勧業寮系統の青森りんごと、開拓使系統の余市りんごは、互いに品種の
改良などによって品質を競い合い声価を高めていった。

　また、山田町の入り口にたつ開拓記念碑、藩の責任を負い切腹した家
老・萱野権兵衛が会津人の苦闘を今に伝える。

2014.01.25 ─────────────────────────────

新潮社創立・佐藤義亮（秋田県）

　出版物の校正について
───この＊『向上の道』（全250頁）は、振仮名を別にしても、約12万
という活字が入ってゐます。それを一字々々原稿とてらし合せて、違った
活字を直してゆくのが、校正の仕事であって……幾たびも読み直して行く
のですが、読みながら一寸外の事を考えたりすると、もう違った活字をそ
のまま看過ごしてしまひますから、分秒の油断も許されません。
───曽て明治文壇の大家だった＊饗庭篁村（あえばこうそん）氏の作の
なかで、上野の秋の夕方、鐘がコーンと鳴ったといふのを、校正係の人
が、鐘だからゴーンだろうと、濁点をつけたのであります。これで秋の静
寂な感じが打ち壊されてしまったと言って、篁村氏が「校正（後生）畏る
べし」と洒落まじりに慨嘆したといふ有名な話が残っていますが、濁点一
つで、文豪の作の味ひを生かすか殺すかといふことにさへなるのですから、
実に容易ならぬ注意がいるのであります（『向上の道』）。
　＊饗庭篁村：明治時代の小説家・劇評家。別号を竹の屋主人。
　＊『向上の道』：著者・佐藤義亮（よしすけ／ぎりょう）は出版人、新潮社
の創立者。文芸書を読む人にはなじみの出版社、筆者も新潮文庫・日本

文学全集など積ん読の口だ。出版社の創業経緯を知ればその出版物にも愛着が増しそうだが、あまり気にしてなかった。

　たまたま、TV「阪神大震災から19年黙祷する人」2014.1.17を見、生活の再建もさることながら心の飢えにも支えが必要だと感じた。その一つに本はどうかな。そう思ったとき、新潮社が関東大震災後すぐ営業を再開したことを知った。どうして、すぐに営業できたのだろう。

佐藤　義亮

　1878明治11年、秋田県角館町生まれ。幼名儀助、雅号橘香。

　早くから東京遊学を志すも家は貧しい荒物屋で中学へ行けなかった。官費の師範学校ならばと、準備のため秋田市の積善学舎に入学。父と姉の嫁ぎ先からも援助を受け勉強した。しかし、文学書に親しみ学科の勉強より小説類を読みふけり、博文館の「学生筆戦場」に投書をはじめ何度か入選もした。投書仲間に吉野作造がいた。文学熱はますます嵩じ、ついに東京行きを決心する。

　1895明治28年2月、同級の友人らと3人で吹雪のなか寄宿舎を脱け出した。

　当時、秋田県に鉄道は敷かれていず、二日三晩かけて黒沢尻まで40里を歩き通し、そこから列車で東京に向かった。

　東京に着くと神楽坂の汚い下宿屋の一間に3人で住み、持ち金が少ないのでさっそく職探しにかかった。友人二人は会社の給仕、新聞社の活版小僧の口がみつかり、佐藤は新聞配達になった。新聞配達なら勉強をする時間があるだろうと考えたのだ。一ヶ月過ぎた頃、友人二人は音をあげて帰郷してしまった。

　一人残った佐藤は貧窮のどん底で新聞配達をし勉強をしたが、読みたい本が買えない。そこで、神楽坂から神田あたりの本屋で、10ページずつ立ち読みをしては一冊読み終えた。

　そのうち市ヶ谷の秀英舎の見習い職工の口を見つけ採用された。仕事はインキの樽洗いや掃除で真っ黒になって働いていた。

ある日、文芸雑誌『文庫』支流の『青年文』(1895～97)に、森鷗外の文章とともに佐藤の「文学小観」が掲載された。それを秀英舎の支配人が知り校正部員に抜擢した。なお、当時の校正係は記者同様の待遇であった。

　また、秀英舎は東京中の出版物を引き受けていたので、佐藤は校正をしながら新刊書を読むことができ、文壇の裏面を知り、活版や出版についても習得できた。

　当時の文壇は、赤門出（東大）と硯友社（尾崎紅葉らの文学結社『我楽多文庫』）の二派に占有されていたから、それに属さない無名作家はなかなか世に出られなかった。

　佐藤は自分の身の上からしても無名作家に同情、「文士となるより出版業を起こし無名作家を応援、併せて良書を刊行しよう」と決心した。

　1896明治29年、倹約を重ね夜勤を続け30円貯めた佐藤は勤務の傍ら新声社を起こし、雑誌『新聲』を発行。『新聲』から田口掬汀（作家・美術批評家）、金子薫園（歌人）などが出、発行部数もふえていったので出版業に専念する。

　新声社は年々発展、図書出版をはじめたが業績が悪化、倒産して社屋も人手に渡った。

　1904明治37年、日露戦争。佐藤は新潮社を起こすと雑誌『新潮』を創刊。

　このころ佐藤は外国文学の翻訳出版を考えた。今ではなんでもない事のようであるが、明治の末年では無謀に近かったのである。

『新潮』は文芸雑誌に成長、新潮社は文学出版社として確立。文学書籍出版の元祖、大正から昭和にかけて文学の「水元」となったのである。

　1914大正3年「新潮文庫」を創設。

　1920大正9年、「世界文学全集」を発行、出版界での足場を固めた。

　1923大正12年9月1日、関東大震災。

　死者・行方不明者が約15万にもなる大震災が関東一円を襲う。東京は一面の焼け野原となり、めぼしい雑誌社や出版社は印刷所とともに焼

けて書籍の飢饉となった。

ところが、新潮社は社屋を4階建ての鉄筋コンクリートに建て替えたばかり、厄災を蒙らなかった。震災から10日後、営業を開始。各地の書店の主人が、交通機関復旧がまだ不完全なのに、在庫品を買いに来たという（佐藤義亮「出版おもいで話」）。

1951昭和26年8月18日、73歳で死去。

新潮社の出版物は多く一々あげないが、日本で初めてのマルクスの『資本論』を高畠素之訳で出版するなど幅広い。

仙北市角館町農村モデル図書館には新潮社の刊本が届けられ新潮社記念文学館がある。

参考：『向上の道』佐藤義亮著1938新潮社／『大成功者の出世の糸口』（日本教育資料刊行会1939）／『新東亜建設を誘導する人びと』（野沢嘉哉1930）、この2書の＜佐藤義亮の項＞は同一内容。／『秋田県の不思議事典』野添憲治編2012新人物往来社）／『出版人の遺文-新潮社佐藤義亮』（栗田確也1968非売品）

戊辰戦争・米国留学・東大総長・山川健次郎 （福島・青森県）

明治期の東大教授・山川健次郎を書こうとして東大で肖像を見たのを思い出した。

以前、安田講堂の公開講座を受講、毎回違う先生で科目も内容も異なっていた。すごく面白くてさっそく講師の著書を読んだ回と、「この先生は一体何を伝えようとしているんだろう」という回があった。講義が頭に入らなかったのは、ただの主婦に理解できなかっただけかも知れないが。

それはさておき、今は一般人でも大学や公共の機関で学習できる。しかし、明治初期は学ぶ場やチャンスを得るのが困難、苦労する若者が多かった。まして、戊辰の敗戦で賊軍とされた藩の出身者は、食べるにも

事欠き、志があっても勉学は大変。しかし、諦めず名を成した人物は少なくない。物理学者で東京帝国大学総長・山川健次郎もその一人である。

山川　健次郎

1854嘉永7年、福島県会津若松で生まれる。父は山川尚江、会津藩家老の家柄。

山川家の兄弟姉妹とも揃って活躍しているのは露伴の幸田家と似ている。

長兄山川浩は陸軍少将、長姉**二葉**は女子高等師範学校教授、次姉**操**は宮内省出仕（掌侍）、妹**捨松**はのち大山巌にのぞまれて結婚、公爵夫人。

―― 腕白時代の友達としては**柴四朗**や**赤羽四郎**、山際永吾、池上三郎など「二ノ丁辺」の者で団結し、藩校日新館へ通ったり遊んだりした。

喧嘩は負けるな、大きい人の言う事を聞けなどと訓示され、武術の稽古は厳しく年長者から制裁を受ける事もあった（『男爵山川先生遺稿』1937 山川健次郎著）。

1868慶應4年、戊辰戦争で籠城一ヶ月、悲壮なる開城をした。亡国の臣となった健次郎たち会津23万石の藩士は北辺の斗南3万石に移され、惨憺たる生活難におちいる。副食物は胡麻塩ばかり、下駄などは50人中4〜5人しか持っていなかった。

1869明治2年、上京。**沼間守一**の塾に入り仏語と英語を学び、数学の初歩も学んだ。

1870明治3年、北海道開拓使の推挙で健次郎は**平田東助**（のち官僚・政治家）、赤羽四郎（のち外交官）の3人でロシアに留学。

開拓使次官・黒田清隆は薩摩の出身だが反対意見を押し切り「戊辰の役で最も男らしく戦ったのが会津と庄内藩である。士風盛んな両藩の青年を採用しようではないか」と健次郎らを留学させたのである。

―― （健次郎は講演でアメリカまで3週間余かかる太平洋上にて）　私は当時まだいくらか攘夷というような思想が抜けられず、外国人などはまだ敬する気持ちになれなかったのであるが、どうしても彼らに学ばねばならぬ

と感じたことは何かというと、丁度太平洋の真ん中でありましたが、今晩おそくか、或いは明日の夜明けになるであろうが、吾が会社の太平洋汽船会社の船に会うであろう。日本へ手紙を用意しておきなさいということであった。

　どうも私は、こんな広い海の上で二つの船がきちんと会う事は少しホラじゃないかと疑った。とにかく手紙をかいたのであった。然るに夜の３時か４時であった。二町も隔たった所で船を止めてこっちからボートを出して先方の手紙を受取り、此方のものを先方に渡したのであった。これを見て私は彼らの学問というものは偉いもんだ、到底日本の敵う所ではない、向こうの学問は深遠なものであるとつくづく思った（『山川老先生六十年前外遊の思出』山川健次郎述1931武蔵高等学校校友会）。

　1871明治４年、平田はドイツ、健次郎と赤羽はアメリカに留学。健次郎はハイスクールに入り基礎から学ぶ。次いで、エール大学で物理学を学び学位を取得した。

　1875明治８年、帰国。

　1876明治９年、東京開成学校教授補（助教授・月俸70円）、翌年、大学理学部教授補。開成学校は幕府の蕃書調所の後身、後に大学南校さらに東京大学となる。

　1879明治12年、日本最初の理学部教授となり物理学全般の講義を担当。

───当時は理学部の学生は少なかったが、健次郎は学生を前に耳を聾せんばかりの大声を張り上げ講義。長幹痩躯、眼光人を射る様子で教壇上を闊歩し、学生達は「これが白虎隊出身の山川博士か」と怖れをなしたという（『明治の人物と文化』1968弘文社）。

　1886明治19年、東京帝国大学理科大学教授。

　1888明治21年、最初の理学博士となる。

　中学・師範・教員学力試験委員をつとめ、実際に各試験会場に足を運んだ。

　1890明治23年、「物理学の実験を指導して頂いたが、問題を与えられ

た後は、全く吾々の自由探求に任せられて、吾々の進まんとする方向に実権を進行せしめられ、然も岐路に入らざるよう丁寧親切に指導せられて、早く学術研究と云うことを理解し得た」（『物理学周辺』1938中村清二著）。

1892明治25年、東京帝国大学理科大学長。「深く理学を攻究せんと思っているから」と再三辞退したものの就任。

1901明治34年、東京帝国大学総長。

――― 果たして君は良総長であった、大学独立の声は即ち君の時代に呱々の声を上げたのである、しかして君は*戸水博士休職事件のために、潔くその身を犠牲にしてしまった……君今や安川氏に聘せられて、その高等工業学校に長足らんとす、九州の育英蓋し是より大いに見るべきものあらん（『人物画伝』1907大阪朝日新聞社）。

*戸水事件：日露戦争講和に際し起きた大学自治をめぐる事件。

九州大総長、次に京都帝国大学総長に就任、大学教育の確立に尽力するとともに各種の教育関係の要職についた。

――― 彼は平凡な学究の徒ではなく、実に気骨稜々たる国士的学者である。卒業式に際し、上流の諸名士出席列席せる面前で、学生に向かって上流社会の淫靡奢侈を痛罵、また東北視察の時、国務大臣の不品行を憤慨せる演説をしたこともあった……正義人道の為に論議し、権勢威武に屈せずその所信を吐露する硬骨男子である。身を持すること謹厳で平素綿服を纏ひ、家にいても袴を脱ぐことがないが温厚な君子人である（『名士立志伝』1916秋野村夫著）。

1904明治37年、勅選貴族院議員。

――― 日露戦争が始まると山川家は一家総出で紙縒（こより）の大量生産に着手、陸軍恤兵部に包装用として贈った。その用紙は古手紙類を用いて毎日数千本の紙縒を作った。（『明治文明奇譚』1943菊池寛著）。

1915大正4年、男爵

1923大正12年、枢密顧問官

1927昭和2年、『戊辰殉難者名簿・校訂』山川健次郎編・飯沼関彌
晩年は中央教科団体連合会や国本社に関係し、国家主義的な教化運

動につとめた。

　1931昭和6年6月26日、死去。

「先生は怖ろしい、然しまた最も優しい先生である……ご臨終の後大学で解剖をせらるる間、室外で終るのを御待ちして最後の清められた恩師の尊容を拝した時の私の心の寂しさは今に痛切に身に迫るを覚える」（中村清二・昭和6年7月12日稿）。

2014.02.08 ───────────────────────────────

生くべくんば民衆と共に、布施辰治 （宮城県）

　春先は大学オープン講座のパンフレットが何冊も届き、カルチャーおばさんは愉しい。しかし、明治初期は学校が少なく、若者でさえ学問する事は容易ではなかった。

　明治大学博物館、企画展【近代日本の幕開けと私立法律学校── 神田学生街と法典論争】をみると、私立学校を創るにしても資金より先に志、深い学問がなければ創立できなかったとわかる。展示は5つに分かれ、どのコーナーも良かったが、少し紹介。

　第Ⅱ：「明治維新と文明開化」の〔会津若松戦争図〕は中央大学の創立者の一人西川鉄次郎が白虎隊士だったとして展示されている。他にも西川と同じような体験の持ち主がいて、自身も学ぶなかで学校創立をも志したと推察できる。

　ちなみ、前回登場の山川健次郎も白虎隊士、西川と教育者同士の交流があったかも。

　第Ⅳ：「法典論争の中の私立法律学校」はとても勉強になった。

　民法と商法の施行をめぐり学会・法曹界・官界・政界・経済界を巻き込んで展開した法典論争。ボアソナードや穂積陳重等など何となく耳にしていたがよく分からなかったが少し判った。

　明治期の卒業生写真もあり、その一人布施辰治（明治法律学校/現・明

82

治大学）の解説を読み感心したので調べてみた。

布施　辰治（ふせ　たつじ）

1880明治13年、宮城県石巻蛇田村で生まれる。

1900明治33年、上京して明治法律学校入学

1902明治35年、卒業。

判検事登用試験に合格、司法官試補として宇都宮裁判所に勤務するも間もなく辞職。

1903明治36年、「トルストイの弟子」を自認、弁護士になる。

1906明治39年、社会主義者・山口孤剣の弁護をはじめとして、片山潜、大杉栄、金子文子などの運動家や労働運動、小作争議の弁護をする。

―――知友が刑事被告人として法廷に立つあり。君これが弁護に当たりて縦横論究大に努む、是君が弁護士となれる動機なりとす。爾来、刑事法に就いて熱烈考究する所あり。博く古今東西の法理を叩き帝国現状の時勢を鑑み、立論正確比喩功名にして聴者をして常に首背感服の外ならしむ。加ふるに恬淡瀟洒にして義侠心に厚く、救済の念旺盛なるを以て社会の信頼を得ること甚だ大也。常に学究に耽り手に新刊の書を放たず、斬新の奇説しばしば人を驚かす。現代の法曹界の明星として帝都の中央に飛躍するもの真に結えありといふべし（『御大典記念：日本ダイレクトリー』清田伊平編1915甲寅通信社）。

1917大正6年、普通選挙（男子）実施要求の普選運動をはじめる。

運動は明治25年結成の普通選挙期成同盟から始まり大正デモクラシー期に全国的大衆運動になったが、大正9年、原内閣は議会で普選案を否決。

1918大正7年、米価高騰がきっかけとして日本中で起こった激しい民衆運動・米騒動の被告の弁護をした。

1919大正8年、著作『生きんが為に：米穀騒擾事件の弁論公開』（布施辰治法律事務所）

1920大正9年、個人雑誌『法廷より社会へ』創刊

1921大正10年、自由法曹団の結成に参加

1922大正11年、東京で借家人同盟を創設

1923大正12年6月、階級闘争の犠牲者と家族救援のため「防援会」結成。

9月、亀戸事件。関東大震災の混乱の中で、当時の革命的労働運動の組合員らが亀戸警察に不法検束された。

総同盟から自由法曹団に調査が依頼され、布施らは虐殺された平沢計七らの死体を荒川土手に探しにいったり、証拠収集にかかったが今もって不明の部分がある。大杉栄の虐殺を警視総監に問い詰めたことは有名（『コンサイス学習人名事典』）。

布施の活動は朝鮮・台湾にもおよび、義烈団事件、朝鮮共産党事件、二林蔗糖農民組合事件などの弁護士としても活躍した。水平社にも援助した。

1924大正13年、『急進徹底普選即行パンフレット.1』自然社より刊行

1926昭和元年、日本労働組合総連合会長

1928昭和3年、第1回普選に労農党公認で立候補

1929昭和4年、『無産者モラトリアム』（共生閣）

1931昭和6年、『無尽・保険・月賦・その他の掛金に対する法律知識』『家賃地代に対する法律知識』（ともに浅野書店）

1932昭和7年、弁護士除名。

社会主義弁護士として活躍、日本共産党の被告たちをも弁護したため一時、弁護士としての資格を取り上げられてしまった。

1933昭和8年、新聞紙法違反で検挙される。『電灯争議の新戦術』（希望閣）

1938昭和13年、『審く者・審かれる者：法廷実話』（布施辰治・中西伊之助/春秋社）

1945昭和20年、敗戦後、弁護士に復帰。

日本労農救援会（日本国民救援会）などの代表となる。

1946昭和21年、『新聞などに表れたる各政党その他の憲法改正案』
第12〔布施辰治氏の憲法改正私案〕

1949昭和24年、三鷹事件・松川事件などの弁護に活躍。

1953昭和28年9月13日、死去。73歳。

「生くべくんば民衆と共に、死すべくんば民衆の為に」をモットーに、スケールの大きい人権派の弁護士の生涯を閉じた。

参考：三省堂『民間学事典』『コンサイス人名事典』/国会図書館デジタルライブラリーhttp://kindai.ndl.go.jp/に布施辰治の著作がある。

2014.02.15 ─────────────────────────────

東洋史学者・那珂通世と分数計算器 (岩手県)

明治初期は小学生も「候文」を読んだが、二葉亭四迷（長谷川辰之助）が言文一致、口語体の小説『浮雲』を発表、この頃から言文一致運動が盛んになる。

明治維新以来、西洋文化が入り、ローマ字採用、かな文字推進の運動があった。日清戦争後には標準語制定に関心が高まった。

1900明治33年、文部省は国語調査会を設け**前島密**委員長、**上田万年、大槻文彦、那珂通世**委員らは、国語の将来について審議。翌年の小学校国定教科書に口語文を採用。

───私は仮名説を採ります。国字改良の事は世論と云つても可ひ……私（那珂通世）はいったい儒者ですからぜんたい漢学には不都合を感ぜぬ方ぢや、併し自分勝手の事ばかりも言つても居られません。まァ普通一般の人は仮名を用ひるとして、学者に成ろうと思ふ人は漢学も洋学もやるとするさ（*『明治文豪硯海録』自治館編輯局編1902文明堂）

『明治文豪硯海録』：印刷は徳富猪一郎（蘇峰）の民友社。

前島密・津田梅子・岡本監輔・森林太郎（鴎外）・原敬・岸田吟香・清水卯三郎（全文ひらがなの意見書）・海軍大学教師ロイド・井上哲治郎まで

67人、国語国字改良について意見を収めた426頁の一冊。

　いつの時代も国語の問題は尽きない。ことに明治は江戸以来の漢学に加え西洋文明が入ってきたから、国語表記は重要な問題だったと察せられる。

　新聞記事の口語化は大正の中頃というから、明治は未だ文語体が主流だった。そうした中で、「かな説」を採ったのが那珂通世である。

　那珂は漢学を修め、満州語・モンゴル語にも通じた学者だが、中学校や師範学校で仮名を採り文法を教えたのは、児童や青年の将来、ひいては日本のためであった。

那珂　通世（なか　みちよ）

　1851嘉永4年、盛岡藩城下で生まれる。父は盛岡藩士・藤村正徳。幼名は荘次郎。

　?年、藩校・作人館に通い頭角を顕し、学者・江幡通高に認められ養子となる。

　養父の江幡通高が南部藩主の近侍となり「那珂通高」と改姓したので、自身も「那珂通世」を名乗り、父と共に作人館で教えた。

　1868慶應4年、戊辰戦争。南部藩は奥羽諸藩と同じく苛酷な運命を辿る。

　敗戦で養父は東京麻布の藩邸に謹慎、のち越前藩邸に移される。

　1871明治4年、謹慎が許されると、通高は家族を盛岡から呼び寄せた。

　上京した通世は英学を志し、早稲田にあった**山東一郎（直砥）の北門義塾（明治新塾）**に入門、次いで慶應義塾に入る。

　入塾後、福澤諭吉は通世の状況を憐れみ学内の業務を与え月謝を免除するなどした。

　1875明治8年、福澤の推薦で任期1年の約束で巴城学舎の教師として山口県へ赴任。

　1876明治9年、＊『洋々社談』に「日本古代文字考」発表。

　＊洋々社談：洋学・国学双方に精通した大槻盤渓、西村茂樹、通世の

養父那珂通高ら中心に結成された学術団体の機関誌。

1877明治10年、千葉師範学校教師兼、千葉女子師範学校教師長として赴任。

──── 教師の苦しむのは児童をして許多の漢字を記憶せしむることなり。この困難を排除するには読み本以外の教科書を仮字（かな）のみにて記すに如かずとて、まず算術教科書を仮名文にて作らんことを試み……仮名遣いの問題に遭遇せり、第一に仮名遣いは古来のを襲用すべきか、現今の発音通りに改むべきか……第二は文語法、分かち方、動詞・助動詞及び「てにをは」文法の考究を要する……当時国語の文法を学科に加えし学校はあらざりし

──── 児童に分数の意義を直感的に了解せしめんが為に分数計算機を工夫……その構造は同じ長さの板を二分せるもの三分せるもの乃至十五分せるものを一枚の額面に数段に配列し、自由にこれを抜き差しし得るになしたる簡単なるものなり。

1884明治17年ロンドン教育博覧会にこの分数計算機を出品、銀杯を授与された。

1894明治27年、那珂通世は東洋史の発展に寄与。

＜東洋史＞という言葉をはじめて中学の教科書に用いたのも通世である。

1879明治12年、東京女子師範学校訓導兼幹事のち校長。この学校は明治8年創立、開校当時から山川健次郎の姉二葉が寄宿舎長をしていた。

通世は千葉女子師範学校での経験もあり女子教育に大いに尽力した。また第一高等学校、東京高等師範学校教授となる。

1896明治29年から9年間、東京帝国大学文科大学の講師を兼任。

1903明治36年早稲田、翌年には浄土宗大学で教授。

日本・朝鮮・中国の古代史を研究。漢文の著書『支那通史』5冊（1888〜90）は清国で翻刻され、ほかに『元史訳文証補』『成吉思汗実録』などを校訂出版した。

日本史についても『外交繹史』（全4巻1915）で神武起源について検討、『上世年紀考』で日本の紀年に史実とあわぬ延長があることを指摘。

以下は慶應義塾の後輩、考古学者・教育者の三宅米吉の記述から

　――― 君は外見あるいは縦放なるが如く見ゆることあれども其の実決して然らず。何事にも用意周到なりし。されば学校における諸種の試験又は教員検定試験の答案を調査するにも、先ず自ら各問題に対する答案の要点を摘記し以てその標準を定め、然る後各答案を調査し此の標準によりて評価を下せり……君の評点が苛酷なりとて訴ふるものありしが……正常の評価となし毫も苛酷たりとは思はざりしなり。

　――― 君が自転車に熱心なりしは皆人の知る所にして、はじめて試みられしは第一高等中学校に教師たりし頃なり……1901明治34年には輪界十傑に上げられ自ら輪転博士と云えり。

　1905明治38年、日露戦争中に旅順に出張を命ぜられ嘉納治五郎、三宅米吉らと数人で宇品に向かったが、対馬海峡・日本海海戦のため出発がおくれた。出帆を待つ間、*自転車で芸備地方を巡っていた通世は船出に間に合わなくなる所だった。

　自転車：ヤマハ創業者三木ら好輪家仲間と、折あらば遠くまで乗り回していた。

　1908明治41年3月2日、死去。享年57。

　――― 君は平素、身体すこぶる強健にして病にかかりしことあるを聞かず、されば君が突然の卒去は実に友人などの意外とする所なりき。三月一日君外出して夜に入り帰宅するや、胸痛を訴へ大いに苦悶せしかば、医を迎えて治療をくわえしかど、翌日溘然逝去せり……

　君の生涯を通観するに明治新政の世多く人才を要するに当り、君は専ら教育文学の方面に於てその卓絶せる才能を発揮し、以て文化の進運に貢献する所大かりき。

　君は一生を通じて寧ろ不遇の境涯にありしかども、明治時代の文化史上に於ける君が功績は永く後世に伝はり時を経るに随て益顕著なるに至るべし。

　因みに、明治後期の栃木県・華厳の滝で「巌頭之感」を書き残して投身自殺した**藤村操**は甥である。通世の追悼文が「万朝報」にのり、新聞

雑誌などが論評を掲載、新思想勃興期の哲学青年の死として衝撃を与えた。

　参考：『日本人名辞典』1993三省堂／『文学博士三宅米吉著述集』文学博士那珂通世君伝1929

明治、東北の実業人と台湾（荒井泰治・藤崎三郎助・槇哲）

　筆者は三度のご飯と本があればよく、実業家や金満家に全く縁がない。その方面に興味はないが、維新後の成功者はたいてい立志伝中の人物でユニークな逸話がある。

　前に、"詩は臥城、人物評論は鉄拳禅（宮城県）2014.1.11"を書いたが、その鉄拳禅が『日本富豪の解剖』で東北の新富豪・荒井泰治と藤崎三郎助・槇哲を書いているので見てみた。

　3人とも東北出身、江戸から明治と世が変わり食べるのにも事欠く境遇から粉骨砕身、冨を築きあげた。3人に共通するのが台湾の**塩水港精糖**である。

　1894明治27年、日清戦争。

　1895明治28年、清国から日本へ台湾割譲。

　日本は台湾領有にともない植民政策として産業を奨励。台湾は、甘藷の栽培に適していたので総督府は精糖の改良を促し発達を図った。

　1900明治33年、台湾精糖会社創立。

　兒玉源太郎台湾総督、井上馨は本格的な台湾精糖業の振興を目的として、創業当初は援助し、会社は保護助成策のもと発展した（のち新日本興業→台糖株式会社）。

　ちなみに、台湾における総ての民業は官憲の庇護によって発展したという説もある。

　1903明治36年、台南の大糖商ら数名が南台湾屈指の糖業地・塩水

港庁下に赤糖工場（旧）塩水港精糖会社を資本金30万円で作る。営業成績はあがらず欠損ばかりであった。

　1904明治37年、総督府の糖業奨励にもとづいて新式精糖事業に変更、岸内庄に工場を建設。ところが不幸にして相次ぐ暴風雨、資金難で会社は悲境に陥った。荒井は、難局を乗り切るため、槙哲に手術を依頼。槙は支配人となり、資金の調達と改善を断行する。

　1906明治39年、会社は配当を行うまでに改善する。

　───塩水港精糖には少壮の槙哲あり。藤崎三郎助あり。共に荒井の股肱と見るべく、事業に対しては進歩的の頭脳を有す……荒井系統の者が、台湾ないし東北の実業界に雄飛せんとするは注目すべき現象ならずとせず（吉野臥城）。

　時あたかも日露戦争後の勃興期、製糖業界では原料区域の争奪戦も展開された。そうした中で塩水港精糖も増資、拡張に迫られた。

　1907明治40年3月、その商号と事業を継承して塩水港精糖（株）設立。本社は台湾。

　同じ東北出身の後藤新平、兒玉総督の知遇を得て荒井泰治は社長に就任。

　その荒井は、10年前からサミユル商会台湾支店長として台湾に赴任していたが、商会を辞め塩水港精糖株式会社に入ったのである。常務は槙哲と堀宗一（元台湾糖務局技師）。

　1908明治41年、荒井社長と専務取締役・藤崎三郎助は台湾総督府の保護下、資本金を500万円にし、さらに高砂精糖会社を併合。塩水港精糖の社名は今も、台湾での創業以来そのまま単独で受け継がれている。

荒井　泰治

　宮城県仙台市の隣村、七北田生まれ。幼い頃から湯屋の夫婦に養われた。

　食べるにも事欠く境遇で、死を決心したこともあるという。それほどの苦労さなか、東北の先輩、日銀総裁・富田鉄之助に救われ日銀に入る。

後々の成功の為の修業時代となった日銀で、実業の才能を発揮し働きぶりを認められ、鐘紡に入社、さらに東京商品取引所支配人になった。やがて、サミュル商会支配人として台湾赴任、塩水港精糖社長。

───内地に帰るや、仙台に華美宏荘の居を構え一挙貴族院議員となり、仙北鉄道、仙台瓦斯を企画……東北の天地をして第二の台湾視せる彼にして果たしてよく東北の実業家たるを得んか、ひいて東北振興策としてその除幕は展開せらるべし。

───荒井は黄金を攫取するに手段を選ばざるの人物と誤解さるるも、彼には比較的清廉なる所あり……公金を使用するが如き悪質の人にあらず……説くに理を以てすれば容易に屈すべし。沢柳政太郎は説くに理を以てせしが故に、彼は東北大学の為に三万金を寄付せり。

藤崎　三郎助

1869明治2年、宮城県仙台で代々呉服商を営む素封家の家に生まれる。母の手一つで育てられ学校教育は受けず、外国人家庭教師ヂフォレストに学ぶ。

1902明治35年、上京して海外貿易に従事。やがて南米貿易の有利なのを知ると、店員4名を連れていく。

1906明治39年ブラジル・サンポールに赴き、日本雑貨商店を開いた。南米に於ける日本人商店の初めである。

───現今塩水港精糖が旭日昇天の声望を博する、素より社長荒井泰治氏、常務槙哲氏らの辣腕的経営あると雖も、彼らは所謂成金者肌にして、台湾の如き新開地に在りては、驥足を伸ばし得れ、内地に於てしかく同社の信用を維持するもの、一に渠の累代的徳望によらずして何ぞや。

槙　哲

新潟県長岡出身。

慶應義塾の学僕をしながら苦学力行。

1890明治23年、卒業後しばらく舎監をしていたが、実業界入り。北

越鉄道の事務員、王子製紙の工場長として働いていたが、アメリカに渡る。

───君はソンジョソコラの月並み重役共の知らぬ苦労をして来たものである……米国に飛び出しテキサス州辺で米を作って見たが、大失敗で、内地へ帰れぬところから台湾へ流れ込んだ。台湾における悲惨な生活は今聞いてもゾッとするくらいで、ほとんど浮浪人に等しい時代さえあったのである。

そこでその頃、台湾で羽振りをきかして居た同窓の先輩、藤原銀次郎君が見かねて後藤新平（台湾民政局長官）に頼み、塩水港の支配人に推薦してもらった。

後藤新平の推薦で塩水港精糖に入社。

槙は、当時難局にあった会社を整理収拾して、優良会社に立て直す。その後しばらく閑職にあったが、請われて塩水港精糖の社長に就任。槙はその手腕と共に人柄からも株主や社員に信用があった。

槙は5人兄弟。彼をよく励ました長兄は『奥羽日々新聞』主筆、仙台米穀取引所理事、塩水港精糖重役などをつとめた。次弟は仙台で絹織物業。末弟は石巻電燈支配人。

参考：『日本ダイレクトリー：御大典紀念』清田伊平編／『財界一百人』遠間平一郎（妖星）／『財界名士とはこんなもの？』湯本城川／『日本コンツェルン全集第15』春秋社／『現代業界人物集』経世社編

2014.03.01 ────────────────────────────

富津岬の幕末明治、会津陣屋と海堡（千葉県）

2014年2月、ソチオリンピックのテレビ観戦を楽しむ窓の外は大雪。

積雪が関東地方を困らせた印象的な冬だが季節は移ろう。はや球春、潮干狩りを予定する人もあるだろう。

昔、子どもだったころ、谷津（習志野市）海岸で潮干狩りをした。

しかし今の谷津は、東京湾岸の住宅地、リクレーション地である。潮干狩りの海は谷津からずっと先の富津、家族で幾度も行った。浅瀬に足を踏み入れ海風に吹かれるのは気分がよかったが、感慨に耽ることはなかった。それが、会津藩に興味を抱いてからは、富津岬と江戸湾（東京湾）が有意義、かつ意味ある地になった。

　富津岬：千葉県富津市北西部、東京湾中に突出した砂洲、南房総国定公園の一部。

　1846弘化3年、ペリー艦隊が来る前にビッドル率いるアメリカ東インド艦隊が浦賀に現れ通商を求めた。幕府はこれを拒絶、江戸湾防衛の大名をふやした。

　忍藩（大房崎〜洲崎）、会津藩（富津岬〜竹岡）、川越藩（走水〜観音崎）、彦根藩（久里浜〜三崎）、いわゆる「御固四家」（おかためよんけ）による防備が開始された。

　会津藩は房総に人員、大小砲弾薬、兵器を送り出して村々を治め、江戸湾を防備した。富津陣屋と竹ヶ岡陣屋にそれぞれ家老以下船方役まで家臣が勤務、人員は併せて1400人、大砲小銃474門、新造船19隻が備えられた。

　ちなみに『**ある明治人の記録**』柴五郎の父・柴佐多蔵も家族を伴い房総に出張。

　1852嘉永5年、富津陣屋で柴家の四男**柴四朗**（**東海散士**・衆議院議員）生まれる。

　江戸府内前面の海域を江戸前、江戸湾の喉もと富津から観音崎を内海という。

　湾内の要地に台場を建設。相模国城ヶ島・浦賀・走水（観音崎）・伊豆下田・安房州崎・上総竹ヶ岡などである。

　富津陣屋は敷地約7800坪、周囲を濠および土手で囲い、陣屋の西南に鉄砲場とよばれる鉄砲の練習所があった。竹ヶ岡砲台は3ヶ所築造され、江川太郎左衛門が鋳た超弩級を備えたヘキザン大砲も据付けられた。

　富津岬の展望台に立つと三浦半島はおろか横浜も見えて、黒船の侵入

を見逃す筈がないと分かる。蒸気船発見！直ちに陣屋の藩士らが和船をこぎ出す、その様子が見えるよう。

富津岬と観音崎を結ぶ湾口は「黒船を入れてはならない重要な防衛線」で、明治以後も要塞地帯に編入され、海堡が築かれる。

1853嘉永6年、ペリー艦隊のミシシッピー号が防衛線の富津 - 観音崎ラインを越えた。

蒸気船が煙を吐いてずんずん侵入、上を下への大騒ぎになった。早鐘をつき、注進の早馬は江戸へ疾駆。老中・若年寄はじめ諸役人は総登城、江戸府内と江戸湾を守る諸藩に動員がかけられた。

会津藩はすぐさま房総から久里浜に向け150隻の番船をくり出し、忍藩と共に入江を固めた。しかし幕府は退去させる実力がなく、国書を受取り回答を翌年に延す。

ようやく急場をしのいだ幕府は、ペリーの再来に備えるも警備の重点は品川沖に後退。会津藩は品川台場6基のうち品川第二台場、砲台の守備を命じられた。第三台場は現在、お台場公園として親しまれ、近くにテレビ局もあり若者で賑わっている。

1854嘉永7年1月、果たしてペリー艦隊が再来。

前年より多い7隻の軍艦を率いて神奈川沖に停泊し交渉を開始、日米和親条約が結ばれる。それにより下田・箱館の二港を開港、世界に窓を開けたとたん欧米列強が押しよせ、幕府の支配体制が揺らいだ。

江戸に近い富津は、鳥羽・伏見にはじまる戊辰の戦乱に巻き込まれ、悲劇に見舞われる。そんな状況にあって、**飯野藩（富津市下飯野）剣術指南・森要蔵**ら28名は脱藩して会津藩救援に赴く。一行は会津藩士と共に東北各地を転戦、森は福島県羽太方面で銃弾に斃れた。その墓が福島県西郷村にある。

なお、会津籠城中、奮闘した照姫は飯野藩主の娘で会津藩主松平容敬の養女になり嫁いでいたが、会津若松城に戻っていた。

1868明治元年、年号を慶應から明治へと改めた日本は富国強兵の道

をとる。

1873明治6年、国民皆兵制度、**徴兵令**。

東京湾の喉元、富津と対岸の横須賀は帝都防衛の要衝、防衛強化のため砲台・海堡が築かれた。海堡築造に柴五郎の幼年学校恩師、有坂砲で知られる**有坂成章**も係わっている。有坂は日露戦争で威力を発揮した31年式速射砲を発明した陸軍軍人。

海堡:海中に築島しその上に砲台を築いたもので黒船退去後、東京湾品川沖に台場が造られた。海堡のある海面は走り水と呼ばれ、潮流の早い場所で築島は難工事だった。

1881明治14年、富津岬の基部に元州砲台が築かれる。

第一海堡:富津岬の先端、水深4〜6mの海中に9年かけて造られた人口の島で、明治23年完工。太平洋戦争中は海軍の高射砲陣地が置かれた。

第二海堡:世界に類を見ない壮大な海堡で第一海堡の西方2600mに明治22年から建設が始まり途中、日清戦争が起こる。大正3年完工。25年もかかった。

第三海堡:第二海堡の南方2600m、走水砲台とのほぼ中央地点にあり、神奈川県に属す。明治25年に工事がはじまり大正10年竣工したが、大正12年関東大震災に遭い、施設の3分の1が水没して機能を失った。

これらの海堡は数十年にわたる難工事で犠牲者も出、莫大な費用がかかったが直接軍備に役立つことなく、最後まで一発の発砲もなかった。その後、邪魔にされ、明治の国策に沿って建設された壮大な海堡を顧みる人も少ない。現在はどうなのだろう。

歴史のよすが、近現代の史跡として保存されているかもしれない。

参考:『富津市史』1982(富津市史編纂委員会)、『富津市のあゆみ』1983(同)、どちらも法政大学図書館で閲覧した。

日本種痘はじめ、お芋の松斎先生 （秋田・江戸浅草）

　弥生三月、上野駅で友人と待ち合わせ、東京都美術館【覚の会〜現代作家によるそれぞれの個展〜3/8】に行った。

　"これからの日本の美術になっていきそうな"工芸・彫刻・日本画が展示されていた。べたっとした強い色彩を見なれた目には「和の彩り」が新鮮。きっと、どれも文化財の保存に携わり伝統の技法を身につけた若い作家の感性が、自ずと表れているのだろう。

　安原成美「橅の音、雪の音」屏風の前を行きつ戻りつ、絵の中のブナ林に入り込んでみた。描かれたブナは和の装いにして実はモダン、作者が望む宇宙のイメージ、これは見る目のない素人の勝手な感想だ。

　灰白色のブナの樹皮は一本一本美しく生き変わり、見る位置でキラリ光る、おぼろな雪白、見飽きない。このブナ林に佇めば過去がよぎり、雪の音さえ聞こえそう。たとえ聞こえなくても感じれば、現実のゴチャゴチャを吸収してもらえそう。

　同じ上野公園内の【モネ、風景をみる眼】展、国立西洋美術館にも行った。もの凄い混雑で絵どころではなかった。そうそうに会場を出て早めのランチにした。

　食後、園内を行くと八部咲きの寒桜が人目を集めていた。すぐ側は上野動物園、もう春休みなのか親子連れで賑わっていた。それを横目に上野東照宮に向かった。

　大きな灯籠が立ち並ぶ参道の突当たり、修復された金ピカの唐門が陽に耀いていた。拝観料を払い中に入ると、社殿はもちろん透塀（すきべい）の修復もなり、家光造営時の豪華絢爛な江戸の昔を蘇らせていた。江戸の昔といえば、上野と地続きの浅草も今に変わらぬ賑わいだ。前ぶれが長すぎたが、そのお江戸浅草に「お芋の松斎先生」がいた。

大野　松斎（おおの　しょうさい）

　1819文政２年、出羽国秋田、お芋の松斎先生こと大野松斎生まれる。

　地元では藩医・斉藤氏に医術を学んだ。のち京都に出て新宮涼庭に、次いで江戸の坪井信道、二人の蘭方の大家に学んだ。その勉強ぶりは「勉学弩（ゆみ）の如し」で頼山陽（儒学者）の折紙付きであった。松斎は長崎でも医学を学ぶ。

　長崎で、**高島秋帆**（西洋式軍事、砲術家）に呼ばれ、次のような依頼を受けた。

　───今度オランダから**牛痘の種痘**が伝わり、ついてはこの種痘を切らさずに永く日本に残して人命を救いたいのです。日本の為にぜひ貴方に引き受けていただきたい。

　まだ漢方医の勢力が盛んなときで、妨害がないとも限らない時代であったから、松斎は少し考えたが引き受けた。さっそく長崎を発った松斎の江戸への持ち物で大切なのものは、三粒の痘痂（とうか）かさぶたであった。

　1848嘉永元年、30歳。浅草で開業。

　以後、死去する迄、幕末から維新をへた日本の大きな転換期を浅草で見続けた。

　松斎は根岸の別宅を出る時は、いつもお芋の入った大きな袋を肩に、じんじんばしょりで浅草三軒町の診察所に通った。その途中、わざわざ裏通りを廻って米の買えない人々に与えたのである。

　焼芋を与えた子どもは診察所に連れていき種痘をほどこし、天然痘予防と同時に、痘苗（種痘に使うたね）が絶えないようにもしたのである。

　余談：2020令和２年母の日は新型コロナウィルスが流行中。息子と孫が花束とマスクを持ってきてくれた。情報が多すぎても混乱するが、情報が少ない江戸や明治の人々は悪疫流行をどのように耐えたのだろう。

　古くから伝染病の天然痘・疱瘡（ほうそう）、医学では痘瘡（とうそう）の流行に中国やヨーロッパなど世界中が悩まされていた。1796年イギリスのジェンナーの発見した牛痘ワクチンの普及によってやっと下火になったのである。日本にも中国の医書やオランダ人医師による種痘法が伝えられ

ていたが、なかなか普及しなかった。

　1857安政4巳年8月、洋学を学んだ医師たちが協力、神田お玉ヶ池に種痘所建設を計画、**＊川路聖謨**の名で幕府に届け出た。

　費用を拠出したのは**箕作阮甫、坪井信道、松本良順**ら83名の医家で、大野松斎もその一人（『伊東玄朴伝』）。

　＊川路聖謨：長崎でロシアのプチャーチンと応接、日露和親条約に調印した幕政家

　──慶應・戊辰の年、江戸で官軍と徳川将軍家の戦争（戊辰戦争）が起こり、徳川医学所頭取・松本良順は、幕府軍に随って東北に去らねばならなくなりました。心に懸かるのは**種痘の痘苗**でした。良順は松斎に会って「日本の国に痘苗がきれないように」と頼みました。しかし、戦争中の痘苗の保存は容易ではなく、松斎は砲煙弾雨の間を東奔西走し痘苗を切らさないようにしました。また子の大野恒徳に言いつけて、江戸近在にも痘苗が絶えないようにし、江戸が東京に変わっても痘苗には困らなかったのです（『日本種痘はじめ』写真も）。

　──松斎の医院は浅草の仲町（三軒町から転居）にあった。破風作の玄関の立派な構えで、毎日400人くらゐづつ出入りがあるといはれてゐた。内からはいつも赤ん坊の泣声が聞こえてゐたそうである。先生は今戸焼の鳩の笛を一度に沢山買ったりした。それは泣いてゐる子供をあやすためだったそうである。

　明治十年代のまだ種痘の行渡らぬ頃には、うつかりとあの辺を歩かぬ方がよい。捕らへられて植疱瘡をさせられる。公園まで出て人を捕へて、無理やりにしたりするさうだ、などともいはれていたそうである（**森銑三**　大正・昭和期の文学、書誌学者の聞き書き）。

　1877明治10年、同志と種痘積善館を立てて種痘事業に精進。

　松斎は昭憲皇太后（明治天皇の后）、皇太子（大正天皇）、親王たちに種痘を施す。宮中侍医の内命を受けたが拝辞。裏店の貧民に至るまで隔てなく誠を尽くして接種、死去するまで40年間に約23万人に一人で種痘を施した。

1888明治21年7月、70歳で死去。大野松斎の人となりは、

　――淡泊廉潔ニシテ仁恵ヲ施シ、シバシバ窮民ヲ賑ハス。大イニ世人ノ敬慕スル所トナル。アア医は仁術ナリト古人吾ヲ欺カザルナリ(『現世日本名医高評伝』)。

　谷中墓地の**大野松斎墓碑**・撰文は*中村敬宇、書は**山東直砥(一郎)**である(森銑三「種痘医大野松斎の墓」)。

　大野と**松本良順**は医師仲間、良順と山東は旧知、その縁から松斎と山東の接点はありそう。松斎と敬宇との縁は分からないが、敬宇は山東の英語辞書に序をつけている。

　それにしても、森銑三も記しているが、大野松斎は人に優れた働きをしたのに殆ど知られず、人名事典にも見当たらない。歴史の出来事も記録がなければただの事、足跡が残らないのだ。

　*中村敬宇:中村正直、敬宇は号。福澤諭吉とならぶ啓蒙家。『西国立志編』翻訳。

　参考:『日本種痘はじめ』鈴木三郎1942帝国教育会出版部/『伊東玄朴伝』伊東栄1916玄文社/『現世日本名医高評伝』菊池清隆1886簾清堂/『森銑三著作集』1993中央公論社

2014.03.15 ――――――――――――――――――――――――――――――――

福澤諭吉の友人、やんちゃな蘭方医・高橋順益 (京都府)

　――〔種痘医の指定〕痘瘡(天然痘)は人間一世の難症にして、父母たる者これが予防すべきは勿論、自今小児生まれて75日の後は、必ず左の姓名の医官へ銘々相対にて種痘を頼み、天然痘に罹らざるよう致すべき旨御布令ありたり(明治2.4.11新聞雑誌)。

　――〔種痘、東京で一割〕この頃来途中にて小児の葬送に逢うこと多し……疱瘡の流行あるなりと。近年人々大いに発明して、種痘は小児の大厄難を免れしめ、人間天然の寿命を保たしむるの神力なることを知り、

殊に御上よりも毎々懇切なる御沙汰もあれば、東京に住むほどの者の子供は皆早く種痘仕るべしと思いしが、真の東京人は種痘する者、わずか十分の一に過ぎずと言えり。なんぞ愚のはなはだしきや（明治7.12.6東京日日）。

　予防接種をもたらした日蘭交流の物語『種痘伝来』を毎日新聞書評で知り読んだ。

　天然痘に立ち向かった人々、ジェンナーの牛痘ワクチン、幕末日本の蘭方医についてなどが解き明かされ、しかも読みやすかった。

　とくに『種痘伝来』の後半、「ネットワークを構築する —— 蘭方医たち」の章。

　名だけは知る蘭方医の学問や医術が垣間見え、医師たちが情熱をもち繋がっていく様が手に取るように記されひきこまれた（アン・ジャネッタ著、廣川和花・木曾明子訳 2013 岩波書店）。

『種痘伝来』表紙の写真は、「直正公嗣子淳一郎君種痘之図」佐賀城における1849年（嘉永2）の牛痘種痘。その他、本編に挿入の、髙野長英らシーボルト【鳴滝塾の門人】、【お玉ヶ池種痘所発起人名とその生没年表】などの図表もまた興味深い。

　大野松斎も含む「お玉ヶ池種痘所発起人」83名について、生没年不詳の医師も多い。

　発起人筆頭の箕作阮甫はロシアのプチャーチンが通商を求めて来日した際、長崎で上司の川路聖謨らと応接している。その縁でなのか、種痘所開設にあたり川路は土地の提供を申し出、彼の名で幕府に種痘所開設を願い出る。

　なお、発起人名簿には伊東玄朴ら知られた蘭学者・蘭方医がいる一方、出身、経歴が判らない者もいる。その中の高橋順益について幸田露伴の弟、幸田成友が記している。

高橋　順益（たかはし　じゅんえき）

　1832天保3〜1865慶應元年。丹後宮津藩、松平伯耆守藩医で十人

扶持。

　江戸では、芝源助町に住んでいた。

　1838天保9年、緒方洪庵、大阪で蘭学塾を開く。

　坪井信道や宇田川玄真、長崎でオランダ人医師に学んだ緒方は、25年にわたり青年を教育、福澤諭吉、大村益次郎、橋本左内、佐野常民ら人材を輩出する。

　1853嘉永6年6月、アメリカ東インド艦隊司令長官ペリー、軍艦4隻を率い浦賀来航。

　1854安政元年、高橋順益は蘭学者で医者の緒方洪庵が大阪に開いた蘭学塾（緒方塾・適々斎塾・適塾）入門。半年後に福澤諭吉が入門。順益と福澤は生涯の友となる。

　適塾での勉強振りや暮らしぶりは『福翁自伝』で知る人も多いだろう。「新版　福翁自伝」から高橋順益を抜き出すと、学問のかたわら遊女の偽手紙を書いて塾生に渡すなど悪戯好きやんちゃな若者像が浮かぶ。ほかにも次のような話がある。

　───（芝居見物の失策）道頓堀の芝居に与力や同心のような役人が大いばりで芝居をただ見する。緒方の書生が、気味の悪い話さ、大小をさして宗十郎頭巾をかぶって役人の真似をしてたびたび首尾よく芝居見物をした……ある日ほんものが来た。詐欺だからこっちは何とも言われない。進退きわまり大騒ぎになって……この詐欺の一件は丹後宮津の高橋順益という男が頭取であったが、わたしは元来芝居を見ない上に、このことを不安に思うて（順益に）「……マサカのときはたいへんだから」といったがきかない……とうとうつかまったのが、おかしいどころか一時大心配をした。

　───（禁酒からたばこ）緒方の塾に学問修業しながら、とかく酒を飲んでよいことは少しもない。これは済まぬことだと思い、あたかも一念ここに発起したように、断然、酒をやめた。スルト塾中の大評判ではなに大笑いで……ひやかす者ばかりであるが、親友の高橋順益が「君のしんぼうはエライ。よくも続く見上げてやるそ。ところがおよそ人間の習慣は、たとい悪いことでも頓に禁ずることはよろしくない、とうていできないことだ

から、君がいよいよ禁酒と決心したならば、酒の代わりにたばこをはじめろ。なにか一方に楽しみがなくてはかなわぬ」と親切らしくいう。

　禁酒して順益に勧められ煙草をはじめた福澤諭吉は、酒とたばこの両刀使いになり、ほんとうの喫煙家になってしまった。慶應義塾で教壇に立ったこともある幸田成友によれば、

　———順益はよほどの徒者（いたずらもの）であったらしいが、福澤先生が順益を指して「親友」と言はれて居る所を見ると、単なる徒者では無く、学問においても人物においても、余程確乎した所があった男に違ひない。

　福澤諭吉伝「高橋順益との交情」という一節があって、先生が土岐家から夫人を迎えられるにつき、順益が周旋した……順益が結婚する時、今度は福澤先生が順益の「親戚」として列席せられている。先生と順益の関係は親友から親戚に進んだ（『東と西 - 史話』1940 中央公論）。

　順益は結婚後2年足らずで病死する。順益の藩侯が将軍の御進発（おそらく第二次長州征伐）に扈従することになったので、順益は先発して京都に赴き、任に充たり……早く戻ったが感冒に罹り、全癒しないのに無理して、発熱下痢、うわごとをいうようになった。

　坪井信良・渡辺春汀（ともにお玉ヶ池発起人）らが治療にあたったが、治療の甲斐もなく33歳で没した。道半ばで斃れた高橋順益の葬儀と後の処分を、福澤は親身になって世話をした。

　江戸の昔といえども、33歳の生涯は短すぎる。しかも妻は身重だったという。何とも惜しくいたましい。

2014.03.22 ───────────────────────────────────

明治期の法律学者、菊池武夫 （岩手県）

　春3月は卒業シーズン。開化日本の留学生はどの様に卒業式を迎えたのだろう。『明治日本発掘』に【山川捨松の卒業演説が評判】という記

事が掲載されている。

　のちの東大総長、会津の山川健次郎の妹、捨松が開拓使からアメリカ留学に派遣されて10年、アメリカ・ワスクル大学を卒業。成績優秀で選ばれて演説したのである。

　──　演説は日本に対する英国の政略といえる題にて、はなはだしく我が日本輸出入の不平均より、まったく英国の条約改正を拒む心術に論究せしに、喝采の声場中を振動し、余響しばらく止まざりし（明治15.7.29朝日）

　記事は、「一身の栄誉のみならず、我が日本国の一大面目」と結ばれているが、帰国後、捨松の能力は活かされなかった。

　薩摩の大山巌元帥に嫁して大山夫人として、鹿鳴館でようやく洋行帰りの知識を活かせたのである。明治日本の女子が活躍する場は少なかった。

　男子は、留学後の将来が保証されたも同然であったから、東北出身者も留学の機会を願った。捨松の兄で旧会津藩士・山川健次郎も開拓使から派遣されてアメリカ・エール大学を卒業、帰国後に開成学校（のち東大）教授補となった。

　1875明治8年、山川健次郎、帰国。小村寿太郎や旧南部藩士・菊池武夫らが開成学校からアメリカに留学した。

菊池　武夫

　1854嘉永7年、岩手県盛岡加賀野に生まれる。

　父は南部藩目付役で町奉行、用人役も兼ねていた。

　11歳のとき、儒者・江幡五郎について漢学を学び、次いで藩校・修文館に入学。

　1868慶應4年、戊辰戦争がはじまり、南部藩は洋風の練兵をし、藩士を15歳以上と15歳以下に分け、少年の組を豆隊・小豆隊と唱え武夫もその一人であった。

　1869明治2年、15歳。戊辰戦争後、武夫は単身上京を志す。

父に反対されたが諦めず、許しを得てなんとか上京。学資をもらえなかったので無一文の身を麻布の南部藩邸に寄せた。藩邸の目付役谷が武夫を憐れみ、またその志をほめて英麿君の近侍に抜擢。

　1870明治3年、英麿君が帰国することになり、武夫も付き従い郷里に戻った。

　1871明治4年、ついに南部候より学資を給され、遊学が許された。

　再度上京した武夫は、伊藤庄之助について英語を学び、大学南校(のち開成学校)に入学して法律を学んだ。同じクラスに鳩山和夫(のち衆院議長、早大総長)がいた。

　1875明治8年、文部相第1回留学生に選ばれ、5年間アメリカ留学。

　藩校・作人館の後輩、佐藤昌介は菊地武夫について、

―――菊池君は18、9歳かと思はれ眉目秀麗なる好紳士にて……小生は北海道に渡り札幌農学校の学生となり、ボストンの菊池君と文書の交換をしておった。

―――菊池君は北海道へも来たことがある。一度は山田顕義司法大臣(のち日本大学創立)の秘書官として、一度は岡野敬次郎、土方寧諸氏と中央大学の校務を以て来られたのである。育英事業にも功績のある人である。(『菊池先生伝』)

　1880明治13年10月、帰国27歳。11月、司法省に入り、少書記官兼翻訳課勤務、司法大臣秘書官、民事局長などを歴任。その間、東京大学法律講師、立に力をつくす。

　菊地の司法省民事局時代について、部下の長島鷲太郎は、

―――先生は詰め襟の運動服を着用せられ砂土原町の私邸より、徒歩にて大手町の役所に通勤せらるるを見受けた。威儀を保ちうると信じたる当時の官人と比較して吾々は頗る異様に感じたのである。

―――（官吏生活12年）司法省の官制に改革があり民刑両局の廃止。(菊池)先生に対し特に総務局長の椅子を擬せんとしたるに、先生は人の為に官を設くるを不可とし固辞して受けず、敢然官界を去りて身を在野法曹の群れに投ぜられた。

辞職した武夫は同年9月、代言人免許を受け代言事務所を開く。12月貴族院議員。

　1885明治18年、英吉利（イギリス）法律学校設立。のち東京法学院（中央大学）。

　穂積陳重（法学者のち枢密院議長）らと東京神田錦町に設立。当時優勢であったフランス法学派に対抗し、実地応用を旨とするイギリス法学を講じた。

　1888明治21年、わが国における最初の法学博士となる。

　1891明治24年3月、東京法学院院長に選ばれる（中央大学初代学長）。

　1893明治26年、弁護士登録。

　没するまで弁護士生活22年。その間、日本弁護士協会を創立、また東京弁護士会議長、会長を務めた。

　1912明治45年、58歳で没。

　伝記叢書『菊池先生伝』（新井要太郎編1997大空社）には、新渡戸稲造らによる追想録が多く掲載され、人柄や業績が偲ばれる。

菊池　イチ子

　ちなみに、菊池武夫の妻イチ子は、**東京府女子師範学校**第1回卒業生で賢夫人と評判だった。2男8女、10人の子を育てあげた。イチ子は児らが幼い時は乳母をつけ大事にしたが、成長すると何処に嫁いでもしっかり家事がとれるようにと躾けた。

　———小児の養育については特に衛生に注意し、飯の如きは一々釜を異にして之を炊がしめたり、こは長者には硬きを与え、幼者には柔らかきを喰はしめんとの用意にして、年齢により其の硬柔の度に幾段の差別あらしめる（『家庭の教育』1901読売新聞）。

　これまでさまざまな分野の人物を取り上げたが、その妻について書かれたものを見なかった。菊池夫人が記事になったのは、賢夫人の評判がよほど高かったのだろう。明治期は山川捨松からも判るように、女性自身の能力より内助の功が評価された時代だったようだ。

＊＊＊　＊＊＊

余談

同姓同名の菊地武夫は陸軍軍人。

日露戦争には中隊長で出征。のち貴族院議員・男爵。天皇機関説攻撃の先頭にたった。敗戦後、戦犯に指名されたが釈放された（『コンサイス人名事典』三省堂）。

天皇機関説：国家は法人であり、天皇はその最高機関であるとする憲法学説。

2014.03.29 ────────────────────────────

袴の代名詞・仙台平、小松彌右衛門 （宮城県）

小学校の卒業式。孫の担任女性教諭は着物に袴、きりっとして見目よかった。教え子の6年生も見なれた先生の改まった袴姿に、いっそう卒業を実感したと思われる。

♪仰げば尊し　全員で合唱、自分も小声で合わせたが「身を立て　名をあげ　やよ励めよ～」にちょっと詰まった。

今は誰もが立身出世を目ざす時代でもなさそうだから。まあそれはさておき、男女とも袴姿は凛々しい。その袴の代名詞ともいえるのが**仙台平**、江戸時代に仙台で織り始められた男子儀式用の袴地である。

『郷土産業開発の跡』（1939 鉄道省編・博文館）

───仙台平の元祖は、仙台市良学院丁に機業場を持っている小松富一郎の祖先、彌右衛門である。彌右衛門は京都の人で1711正徳元年に「御兵具方」として伊達家に召し抱えられ、主として藩の軍服を縫っていた。

1713正徳3年、藩主・伊達吉村の時、御織物師として彌右衛門が選ばれ任に当たった。

彌右衛門は藩主の命で竹に雀の紋所のあるお召物を織り出したところ、その織出といい光沢といい京都の西陣に比べて出来栄えがよかったので、

大いに面目を施した。機業を伝習するかたわら、養蚕業にも意を用い、製糸の改良に努力した。

　その頃、本吉郡から製出した生糸はこれを金華山といって御用糸に用いられ、この生糸で袴地を織出して精巧なものを完成した。これが仙台平の織り始めで、ただ御袴地といっていたが、他藩から仙台平と名付けられた。

　1868明治維新後、御用機屋はなくなり仙台平の製造を中止。

　1873明治6年、彌右衛門の子孫が再興、機業工場も増え仙台市の重要物産に成長した。

　ところが、それから百年以上たつ平成の今、和服を着る人はめっきり減り、袴となるともっと限られる。それでも伝統ある織りの技術は受け継がれる事でしょう。

　話は変わるが、思わぬところで江戸時代の仙台平人気を知った。『徳川時代の賄賂史管見』【一夏中に仙台平三百反】によると、仙台平は幕府役人への格好の賄賂、名産品だったようだ。

　———＊祐筆組頭の荒井甚之丞という者が一夏、各方面から贈られた袴地の内、仙台平だけを調べてみたら三百反もあったとの事であります。

　＊祐筆：江戸幕府では老中・若年寄の下で機密文書を扱うのが奥祐筆で、組頭をはじめ祐筆らが諸侯からもらう賄賂はそうとうなものだったらしい。

　賄賂の理由は、幕府が日光の御修繕とか、台場の新設、印旛沼の改修とか堤防の修繕とか土木工事を大名に命じるが、そのお手伝いとか御用金の多寡は、藩の運命を左右するほど大変な負担で、各藩は戦々恐々としていたからである。

　大名に課す土木工事やお手伝い、御用金については老中が原案を作成するのだが、殿様育ちの老中方は出来ないので、奥祐筆の組頭が作成した。それを老中方に差し出すと、老中方は盲判を押すだけだった。という次第で、各藩は平生から祐筆たちに付け届けをし、なるべく負担の軽い役目にして貰うようにしていた。各大名は祐筆に骨折りをしてもらうから

と、莫大な贈賄をしたのである。

　賄賂の一例として「料理切手」、今で言う商品券が既に使われていた。

　天保の頃、船橋勘右衛門という祐筆組頭が、有名な向島八百善の料理切手をもらい、たまたま用人に与えた。用人は連れと三人で八百善に行き、山のようなご馳走を食べ、帰ろうとすると、残った分とし15両も渡された。その料理切手は50両以上の値打ちだったのである。そうした役人に対する落首

　"盗人猛々しいは袴着る"

　袴着た盗人、即ち役人の賄賂取りを皮肉ったもので、当時は夜入る盗人よりも此方が一般から怖がられていた。

　"役人の骨っぽいのは猪牙に乗せ"

　役人買収の秘法である酒肴の饗応を言ったもの。これに続けて『徳川時代の賄賂史管見』の筆者・中瀬勝太郎は、「今も昔もこの事には変わりがない様であります」と結んでいる。

　参考:国会図書館デジタルコレクションhttp://kindai.ndl.go.jp/『経済倶楽部講演　80輯』(徳川時代の賄賂史管見)1935榊原周平編集・東洋経済出版部

2014.04.05 ────────────────────────────

観古会・竜池会・東京美術学校、高村光雲（江戸下谷）

　桜前線が北上しているが、今どのあたりかな。写真（割愛）は2014.3.29谷中墓地、江戸時代富くじをしていた天王寺前の桜並木。

　五分咲きの花のトンネル、途中に旧会津藩士・**南摩羽峰**（綱紀・東大教授）の碑があるが、それを横目に娘婿と実家の墓所、感応寺に向かった。

　同寺には、森鷗外著『**渋江抽斎**』の墓があり、ときどき史跡巡りの人と行き交う。

　墓参ついで、彼の案内で根津、東大・弥生美術館／竹下夢二美術館

の近くに行った。

　谷中から根津へ、ヤネセン（谷中・根津・千駄木）は恰好の散歩路、下町歩きを楽しみつつ花見会場のお宅に伺った。例年行っていた戸外の花見地が禁じられ、やむなく室内で花見となったという。

　広いリビングに彼の仕事関係やご近所、ワイン繋がりの男女など20人が三々五々集まって、持ち寄りのご馳走や飲み物を並べて口腹とも楽しんだ。

　久しぶりに現役ばりばり若い世代に囲まれて浮かれたが、中締めでお暇。日差しの中を戻る道々、のんびり歩いていたら**「弥生式土器発掘ゆかりの地」**碑があった。そういえば、東大博物館で弥生式土器を見たことがある。

　やがて、上野公園の芸大の前にでた。この東京藝術大学は1887明治20年創立の東京美術学校と東京音楽学校とが戦後、新学制により合併した大学。美術館は有料だが、学食は一般も利用できる。上野公園散歩で疲れたら一休み、ついでにお腹を満たして、次は図書館へ。図書館も一般人が閲覧できてうれしい。

　芸大の前身、東京美術学校は創立に尽力した**岡倉天心**が有名だが、彫刻家教授の高村光雲もよく知られる。

　現在、音楽、美術は身近だが、戊辰戦乱の余波が残る明治の初め、芸術は暮らしに遠かった。彫刻家・**高村光雲**もはじめは仏師に弟子入り、やがて西洋の脂土（あぶらつち）や石膏に心惹かれる。

　───虎ノ門際の辰ノ口に工部省で建てた工部学校では西洋人を教師に傭って、油絵や西洋彫刻を修業しているのだという評判……生徒には藤田文三氏や**大熊氏広**氏などがいるようであるが、自分は純然たる仏師のこととて、まるで世界が違う。

　……脂土は、附けたり、減らしたり自由自在にできるから、何でも思うように実物の形が作れる。その出来た原形へ「石膏」を被せ掛けて型を取るのだそうな。

　……木彫りは一度肉を取りすぎると、それを再び附け加えることはでき

ない。この不自由なのに対して、増減自在……「どうだろう。脂土の売り物はないだろうか」（『幕末維新懐古談』高村光雲著1995岩波文庫——田村松魚と息子光太郎の聞き書き）。

　さて、明治の美術会、「光雲の懐古談」によると、

　1880明治13年頃、日本の絵画、彫刻その他の工芸的制作が衰退するのを案じた数奇者（すきしゃ）、日本の美術工芸を愛好する山高信離・山本五郎・納富介次郎・松尾儀助ら10人足らずが、お互いに所蔵している古美術品を持ち寄って、鑑賞し、批評しあって研究することにした。そこへ制作する側の人も加わり月一回ずつの催しを始めた。

　場所は上野池ノ端弁天の境内静池院（せいちいん）、それで龍（竜）池会と名付けた。だんだん会員も増え、絵画・彫刻・蒔絵・金工の諸家も入会し発展、そこで日本美術協会と名を改め、会頭は**佐野常民**（日本赤十字社初代社長）、年に一度展覧会を開いた。これが観古美術会である。

　観古美術会は、会員所蔵の逸品も数限りがあるので、上流諸家や宮内省御物からも拝借して陳列、それを一般に公開した。会場は下谷の海禅寺（合羽橋）、東本願寺などで行い、美術の普及に功績があった。

　観古美術会出品目録を見ると、

　第5回：大熊氏広（のち靖国神社**大村益次郎**像制作）は、木彫で「山部赤人像」を出品。

　第6回：山東直砥は所蔵の「薩摩焼水注」を出品。

　光雲は「鵜ノ斑薬建水」を制作出品。光雲は維新のさい木彫界は衰退、他に転身するものが多かった中で精進を続けていたのである。

　1884明治17年、**岡倉天心**（覚三）が竜池会入会。

　天心は東大を卒業後、文部省に入り美術行政官（音楽図畫・美術取調係）となり、**フェノロサ**に随行して近畿の古社寺を訪れたり、欧米に派遣され美術品の調査をした。

　同年、築地本願寺で第1回新古展覧会開催、高村光雲は白檀で蝦蟇仙人を彫り出品、3等賞。のちに、光雲を東京美術学校教師に招いた岡倉天心は光雲について、

―――彫刻界においては高村光雲の写生主義大いに行われたると同時に、日本新聞の主唱に係わる歴史的の大作あり、住友家の創意になれる楠公の銅像あり。老西郷の像、北白川宮の御肖像など、陸続出で来たれり

　ちなみに、上野公園内観音堂の裏手に光雲作・西郷隆盛像がある。

　1887明治20年、岡倉天心ヨーロッパ出張から帰国。東京美術学校幹事となる。

　1889明治22年、東京美術学校開校。翌年、岡倉天心が校長となり、国粋主義的立場に立つ美術官僚としての手腕を発揮したが、天心を排斥する事件が起こり、＊非職となる。

　以後、天心は民間在野で国民芸術の創造に邁進する（『民間学事典』佐藤能丸）。

　非職：官吏の地位をそのままで職務のみ免じること。

　明治17年の条例によれば、3年を一期とし現給3分の一を支給、満期免官。

　1893明治26年、光雲はシカゴ万博博覧会に「老猿」を出品受賞。

　その後、古社寺保存会員、文展審査員などを歴任、木彫界に重きをなし、その門から**平櫛田中**らを出した。1934昭和9年、82歳で没。

　余談：これを書いてる最中、毎日新聞＜夢二晩年の日本画、「宵待草」を発見＞弥生美術館が発表という記事を見た。2014.04.04〜06.29特別展示。

2014.04.12 ――――――――――――――――――――――――――――――――――――

大熊町立図書館、その他、国会図書館デジタルコレクション

　この春、息子の次男が小学校を卒業、式に参列。♪仰げば尊し　我が師の恩〜

　生徒や父母に交じり歌いつつ12年前、彼が生まれた福島県大熊町を訪れた日が思い出された。

上野から常磐線に乗り大野駅で降りると、薄い青緑のしゃれた建物が目に入った。原発があるから、出張で来た人たちが泊まるホテルかと思ったが、図書館だった。

　お嫁さんが出産で入院中、私はお兄ちゃんになった3歳児を保育園に送り迎え、炊事洗濯をした。町の保育園が孫を一時預かりしてくれたので、合間に自転車で辺りを見物した。

　深緑の森、水中の小魚も見えるほど澄んだ川、広い果樹園、そして図書館も良かった。ホテルと勘違いした図書館は、外観もいいが館内の造りも凝っていて、書棚も閲覧場所もゆったり。畳敷きのコーナーにはモダンなランプがあり、暖かみのある空間であった。

　大熊町図書館の話をすると「原発のお金でしょ」と、にべもない人が少なくない。そうかもしれないが……。

　そうこうするうち息子が異動で大熊町を去り、図書館再訪はなかった。それどころか大熊町に入れなくなった。なんと2011.3.11東日本大震災・原発事故発生！

　後で聞くと、図書館の本は一冊も持ち出せないままだという。現在、大熊町役場が置かれているのは会津若松市である。

　この地域は明治維新まで会津藩が治めていたが、戊辰戦争に敗れ、本州最北の下北半島へ藩をあげて移住するはめになった。食べるにも事欠く中、遠い北辺斗南へ旅立つだけでも大変な事態だ。それにも拘わらず会津藩士は子弟の教育を考え、蔵書をはるばる北の大地まで運んだ。戦に敗れてさえ本は残った。

　しかし、原発事故にあった図書館からは一冊も持ち出せない。戦より酷い原発事故。

　原発事故後、町民の多くが100キロ離れた会津若松市に避難、学校も立ち上げた。

　『大熊町学校再生への挑戦』2012年刊には、著者・武内敏英氏ら大熊町教育委員会や町民が力を併せて、同じ福島県でも風土の異なる会津に小・中学校を再開、挫けない心が描かれている。

しかしこの3月、大熊中学は卒業生56名に対し新入生は9名、「少人数ならではの、いい教育をしてまいりたい」と校長先生。生徒を思う気持ちにあふれている。

　しかしながら、丸3年を過ぎてなお厳しい現実に先生方、生徒、家の人たちと皆さんの心持ちが気にかかる。

　大熊小・中学校の生徒さんも調べ物など会津若松市立図書館を利用するでしょうか。私は2008年『明治の兄弟　柴太一郎、東海散士柴四朗、柴五郎』執筆中に何度か訪れた。館長さんから会津図書館ならではの資料を閲覧させて頂いたこともある。

　このように、図書館は本の貸し借りもさることながら、地元資料を探すには欠かせない。

　図書館の蔵書や資料、今では家に居ながらにして検索できるようになった。会津若松図書館は全国に会津ファンがいる、さぞや検索数、遠方からの閲覧者も多いでしょう。

　自宅パソコンで「検索と閲覧が可能」な図書館がある。国会図書館 https://dl.ndl.go.jp/ である。昔は国会図書館に足を運び、カードをめくり冊子を探しだして閲覧申込、本が出てくるのを待った。やっと手にした本に探し物がなくて、がっくりもあった。

　今はパソコン、間違っても次をクリックすればよく、めっけものに行きあたる事さえある。明治・大正・昭和戦前位まで、書名・人名・事項を検索、著作権が切れていればダウンロードできて無料。

　ここに至るまで技術もさることながら、公開には出版・書店など諸々方々と葛藤があった様子。でも、研究者だけでなく一般人も利用できるありがたいシステム、これからもますます使いやすくしてほしい。ブログ読者はきっと本や歴史好き、興味の事物を検索してはいかが。もう利用していそうですが。

　さて、検索した本のページ数が400頁もあったらどうする？　ダウンロードできても読むのは大変。私はそういう本が大学の図書館にあると閲覧に行く。やはり紙の本がいい。明治・大正期の本には時代の匂い、名残

がある。

　今は生涯学習の時代、公開講座を受けると図書館を利用できる大学がある。ある時ある教授に、早大の図書館を気に入ってると話したら、「私の話を聴くより図書館の方がいいでしょ」謙虚なお言葉に恐縮。ともあれ、早大と共に母校の法政大の図書館も好きだ。

　NHKニュースがgaccoという大学の授業が無料で受けられるシステムが始まると伝えていた。受講すると、その大学図書館に入れるなら受講してみたい。

2014.04.19 ────────────────────────────────

宮沢賢治と妹トシ（岩手県）

「吾ヲシテ最モ意義アル生活ヲナサシメント欲ス」

　これは宮沢賢治最愛の妹トシの入学時の決心である（"日本女子大で直筆答案発見" 毎日新聞2014.4.17）。

　草創期の日本女子大学校で学んだ人々が「実践理論」の講義で提出した自己調書や答案が見つかった。資料は日本女子大学成瀬記念館で公開（～6月7日迄）されているそうで見てみたい。

　毎日新聞の記事には、平塚らいてう「実践理論」答案と宮沢トシの「自己調書」の写真があり、トシは「元始、女性は太陽であった」で知られる平塚らいてうの後輩と知った。

　賢治の妹を幼いと決めつけていたから大正期の女子学生と知って、お互いの進む道が理解できた兄妹だったのが想像できた。

　1896明治29年8月1日、岩手県稗貫郡花巻町鍛治町（母の実家）で宮沢賢治生まれる。

　父・宮沢政次郎、母・イチの長男。

　1898明治31年11月5日、花巻川口町303で長女・トシ生まれる。

　賢治・トシ・清六・しげ・くにの5人兄妹。宮沢家は祖父の代は質屋、

父の代に呉服屋・古着屋をするなど裕福であった。

　宮沢賢治については作品・伝記評論・研究など数多くあり、賢治の大ファン、井上ひさしの「風景はなみだにゆすれ」などもよく知られている。

　ここでは賢治・トシ兄妹を知る賢治の親友、＊森荘已池（もりそういち）の『宮沢賢治』（小学館1943）を主に参考にした。

　森荘已池：本名、佐一。

　1907明治40年盛岡市生まれ。昭和18年「蛾と笹舟」「山畠」で直木賞受賞。

　中学生のとき賢治が森の家を訪れ深い交流が始まる。賢治没後、全集の編集に携わり賢治を紹介し続けた。

　まだ電灯もつかないランプを使用していた時代に、宮沢家の主、政次郎は子どもたちをつれて散歩したり、冬の夜にはカルタ会、茶話会などを催した。兄賢治と3歳違いのトシはこのような商家に育ち、東京の日本女子大学へ入学。

　このたび発見され毎日新聞に載ったトシの「自己調書」には、「意志薄弱、陰鬱（いんうつ）、消極的、その他大抵の短所を具有す」ときちょうめんな字で書かれている。真面目で内省的な性格のようだ。

　1920大正9年、女子大在学中、トシは流行性感冒にかかり東京・小石川の病院に入院。

　知らせを受けた賢治は家族と相談して上京、妹の看病にあたった。トシの入院中、賢治は毎日病院に通い、付添の看護婦が側を離れたときには便の始末までした。そして、病状を知らせるハガキを毎日書いては花巻に送った。

　トシの病状がよくなると、いろいろおもしろい話をしたり、本を買ってきて読んで聞かせた。そのうち母も上京し母子で病院に通い、トシが快復すると賢治は花巻に戻った。

　賢治は日蓮宗を信仰していた。ところが、宮沢家は代々親鸞の浄土真宗を信仰していた。賢治は父母に改宗をせまったが、断られた。

　1921大正10年1月、賢治は汽車賃だけをもって花巻の家をでる。

上京した賢治は、本郷の東大前に住み、*筆耕の仕事をして生活、夜は下谷の国柱会（日蓮宗）へいって伝道を手伝い、日曜日は上野の図書館にいって勉強した。

　*筆耕：ひっこう。文章を写したり謄写版（とうしゃばん）で印刷したりすること。

　その当時、賢治は父からの送金を遣わず返してしまい、一日一食、ジャガイモの煮たものに塩をつけて食べ、水を飲んで済ませていた。

　4月になり賢治を心配した父が上京、父子で関西奈良地方を旅行した。

　7月、女子大を卒業して郷里の花巻女学校教諭をしていた妹のトシが病気になる。

　知らせを受けた賢治はすぐに帰省。

　このころから「心象スケッチ」自由形式の詩を書きはじめていたので、行李にどっさり童話や詩の原稿をつめて花巻へ帰った。

　12月、賢治は花巻農学校の教師になり、以後4年在職した。

　1922大正11年11月、トシが肺結核で死亡。

　24歳はまだこれから、若すぎる死は何ともいたましい。最愛の妹の死に大きなショックを受けた賢治、一夜で有名な「永訣の朝」を書き上げた。

　"けふのうちに　とおくへいつてしまふ　わたくしのいもうとよ"で始まる詩は文末に。

　1933昭和8年、宮沢賢治37歳で死去。

　しばらくして、弟の清六が残った原稿を整理中に小さな手帳の鉛筆書き「雨ニモマケズ」を見つけた。

　雨ニモマケズ　風ニモマケズ

　雪ニモ　夏ノアツサニモマケヌ

　丈夫ナカラダヲモチ　欲ハナク

　決シテ瞋（いか）ラズ　イツモシヅカニワラツテ井ル

　一日ニ玄米四合ト　味噌ト少シノ野菜ヲ食べ

　アラユルコトヲ　ジブンヲカンジョウニ入レズニ

ヨクミキキシワカリ

野原ノ松ノ林の蔭ノ　小サナ萱ブキノ小屋ニヰテ

東ニ病気ノコドモアレバ　行ツテ看病シテヤリ

西ニツカレタ母アレバ　行ツテソノ稲ノ束ヲ負ヒ

南ニ死ニサウナ人アレバ　行ツテコワガラナクモイイトイヒ

北にケンクワヤソショウガアレバ　ツマラナイカラヤメロトイヒ

ヒデリノトキハナミダヲナガシ　サムサノナツハオロオロアルキ

ミンナニデクノボウトヨバレ　ホメラレモセズ　クニモサレズ

サウイフモノニ　ワタシハナリタイ

　　　　永訣の朝

けふのうちに

とほくへいつてしまふわたくしのいもうとよ

みぞれがふつておもてへはへんにあかるいのだ

（あめゆじゆとてちてけんじや）

うすあかくいつさう陰惨な雲から

みぞれはびちよびちよふつてくる

（あめゆじゆとてちてけんじや）

青い蓴菜（じゅんさい）のもやうのついた

これらふたつのかけた陶椀（とうわん）に

おまえがたべるあめゆきをとらうとして

わたくしはまがつたてつぽうだまのやうに

このくらいみぞれのなかに飛びだした

（あめゆじゆとてちてけんじや）

蒼鉛（そうえん）いろの暗い雲から

みぞれはびちよびちよ沈んでくる

ああとし子

死ぬといふいまごろになつて

わたくしをいつしょうあかるくするために

こんなさつぱりした雪のひとわんを
おまへはわたくしにたのんだのだ
ありがたうわたくしのけなげないもうとよ
わたくしもまつすぐにすすんでいくから
（あめゆじゆとてちてけんじや）
はげしいはげしい熱やあえぎのあいだから
おまえはわたくしにたのんだのだ
銀河や太陽　気圏などとよばれたせかいの
そらからおちた雪のさいごのひとわんを……
…ふたきれのみかげせきざいに
みぞれはさびしくたまつてゐる
わたくしはそのうえにあぶなくたち
雪と水とのまつしろな二相系（にそうけい）をたもち
すきとほるつめたい雫にみちた
このつややかな松のえだから
わたくしのやさしいいもうとの
さいごのたべものをもらつていかう
わたしたちがいつしよにそだつてきたあいだ
みなれたちやわんのこの藍のもやうにも
もうけふおまへはわかれてしまふ
（Ora　Orade　Shitori　egumo）
ほんたうにけふおまへはわかれてしまふ
あぁあのとざされた病室の
くらいびやうぶやかやのなかに
やさしくあおじろく燃えてゐる
わたくしのけなげないもうとよ
この雪はどこをえらぼうにも
あんまりどこもまつしろなのだ
あんなおそろしいみだれたそらから

このうつくしい雪がきたのだ

（うまれでくるたて

　こんどはこたにわりやのごとばかりで

　くるしまなあよにうまれてくる）

　おまへがたべるこのふたわんのゆきに

　わたくしはいまこころからいのる

　どうかこれが天上のアイスクリームになつて

　おまへとみんなとに聖い資糧をもたらすやうに

　わたくしのすべてのさいはひをかけてねがふ

時計商・松浦玉圃は美術工芸も秀逸（宮城県仙台）

＜松浦玉圃　客を窘（たしな）む＞

　松浦玉圃は神田小川町の時計屋なり。気骨抜群、書生を愛して已に670余生の証人となる。一日店頭客あって懐中時計の立派なるを尋ね、是れ兄なる一紳、弟なる一生に与えんとするもの弟をして、散々選ばしめて以て結句代金30円なるものを購求す。玉圃瞥見（べっけん）して喝して曰く「その時計なら書生には過分（すぎ）てゐる、兄君が持つのだと思つたら…篦棒（べらぼう）な」、二客色を変じて怒髪帽を刺す、玉圃乃ち紙片を取つて狂歌一首を書す。

　楽しみを後に残して苦しめよ　書生に金は身を破るもと

　と、二客読下してその訓戒に服し、高価の時計を返して僅々10円のものに代ふ、侠商玉圃の如きは滅多に得難いと謂つべし。（『名士奇聞録』1911橘溢生）

　明治半ばを過ぎても時計は学生にとって高価でしょう。それを金に任せて学生の弟に買い与えようとする兄。それを見た店主は儲けを喜ぶどころか、べらぼうな話だと渇を入れたというからおもしろい。客はひどく怒っ

たものの、狂歌の趣意に納得。

「若いうち苦労は買ってもせよ、大金は身を誤らせる」はいつの世も同じ。説教でなく狂歌でさとした店主の教養、素直に聞き入れた兄弟、双方に感心。

欲得ずくでない松浦玉圃、いったいどんな人物か。以下、*大槻文彦著『松浦玉圃伝』1889（飯田宏作編）ほかでみてみた。

*大槻文彦：国語学者。蘭学者大槻玄沢の孫。『言海』刊行。

松浦　玉圃

先祖は肥前松浦の浪人。仙台に流れ来、五代目が松浦屋と称し麹を業とした。

玉圃の父五郎助は八代目、天保の飢饉の際に貧者に米や銭を施した。母は仙台河原町吉岡屋儀右衛門の娘えい、子は男女6人。

1839天保10年、松浦家に次男・栄松（玉圃）生まれる。

同年、父死去。母は子育てに奮闘し68歳迄生きた。

母もまた施与を好み葬儀のさい墓所が供花で埋れたという。母は子らに学問、謡曲など習い事をさせ玉圃はとくに彫刻を好んだ。

1857安政4年、19歳。玉圃は江戸に出る。

愛宕下の仙台藩邸にいる桂島斧吉に竹木、金石、玉角を彫る技を学んだ。やがて画法を知らないと進歩がないと気づき幕府絵師・狩野梅軒の塾に入り修業に励むが、実家の兄のすすめもあり母を気遣い帰郷。

仙台に帰った玉圃は、彫刻の技をもって藩の門閥諸家に出入りし喜ばれた。しかし作品を売らなかったので暮らしがたたない。兄たちが心配して玉圃に、勤め先を見つけたり、商売をさせたが上手くいかなかった。余りにも欲がなさ過ぎるのだ。

1863文久3年、25歳になり兄の世話で広瀬川の崖上の邸を手に入れ、その家から*大槻盤渓の元に通い詩を学んだ。盤渓が詩会を開くと玉圃は末席で見学しつつ学んだ。

大槻盤渓：維新期の洋学者・砲術家。大槻玄沢の次男。著書『近古

史談』

　1868戊辰2月、京へ赴く藩の重役、玉圃も随従を許される。

　松島湾から藩の汽船・宮城丸に乗り神戸の港に向かい、神戸から京へ入り仙台藩邸に寄食。折しも戊辰の騒擾のさなか、玉圃は商人の身を忘れて時事に没頭した。

　5月、ついに仙台藩は白河で開戦。京の玉圃は仙台領江洲の陣屋に赴き、銃丸の製造を担任したが、銃丸は古く使い物にならない。その間にも戦は激しさを増し、藩士一同は仙台へ引き揚げることになった。

　玉圃もさんざんな目に遭いながら数十日かけて仙台に帰りつき、戊辰戦争は終わった。

　戊辰戦争を首謀したとして仙台藩重役・但木土佐が辞職すると邸はひっそり。玉圃はその但木家を訪れて慰め、また獄に入れられた師の大槻盤渓の留守宅も見舞い助力した。

　1868明治元年、維新後、玉圃は邸宅（皆宜園）を没収横取りされそうになり、**岡鹿門**（千仞）に相談。岡は玉圃に書面を与え、玉圃はそれを藩の参政に差出して説明し取上げられずにすんだ。

　この騒ぎで玉圃は藩士の困窮を知り、藩士の子弟に職を与えようと邸内に工場を作った。75人集まり、その工徒の中に絵画篆刻を業とし、名をなした者があった。

　1872明治5年、玉圃は東京に出、かねて興味のあった時計の商売をする事にした。

　同郷の**佐和正**（後藤正左衛門）から、警視庁時計修理の入札があると聞き、応じて落札。以来、警視庁御用達となる。

　その頃、玉圃の仮住いには故郷の食客が78人もいて茶碗や箸は共用という有様だった。しかし、玉圃は意に介さない。やがて古家を買い引越した。

　1875明治8年、玉圃は尼崎藩士・土屋政暘の娘を妻に迎え、男女4人の子をもうけた。

　1877明治10年、西南戦争。

巡査が東京に集まると、玉圃は巡査屯集所に出入りし時計を売った。玉圃は時計を仕入れるため何度も横浜と東京を往復。宮城県の巡査はみな玉圃から時計を買ったので玉圃は財をなし、以前大火で焼けてしまった家を新築することができた。

しかし、景気が悪くなり、玉圃は時計の行商をはじめた。

横浜28番館で仕入れた時計を薄利で売ったのである。そのため同業者が争って時計を買ったから、玉圃はまた儲かった。

1888明治21年、玉圃は父の五十年忌に妻と子を連れて帰郷。すると仙台停車場には四、五百人もが迎えにきていた。その後の大宴会は推して知るべし。その時の狂歌、

積善の家に余けいな馳走より　親にかうこでちょっと一盃

1890明治23年、東京神田区錦町に引越、新築開店すると、仙台出身の学生が紅白の大旗で祝い、新聞に投書し宣伝してくれた。この店で早稲田の学生が10円の時計を買ったのである。

松浦玉圃と工芸

玉圃は時計に金象眼を施して博覧会に出品し褒賞を得たことがある。また、ガラスに着色して焼く技術を研究すること7年、盃、皿、諸器に精緻な彩画を施すその嚆矢となった。

インターネットより

───<焼付コップ、びいどろ、ギヤマン、氷コップ、江戸硝子>なんか和風で珍しい感じだなぁと思ったガラスのコップが40万円。説明によれば、玉圃の約130年ほど前の作品、大きさは9×6.2cm「日本で初めてガラスに焼付け上絵付（エナメル彩）を試みた松浦玉圃作、垂れ柳にサギ文コップ」

───<エナメル彩桜に雀図ガラスコップ>松浦玉圃、明治中期、びいどろ史料庫。

1896明治29年、ガラス店開業。

玉圃は湯呑みに彩画して焼き、熱湯を注いでも割れなかったので実用

品に応用した。「らんぷ」の「ほや」を強烈な火力にしても破裂しない製品も作り開業した。

1899明治32年5月、玉圃還暦祝い。**荒井泰治**が大槻文彦に小伝を依頼し賀客に配る。

1908明治41年、『紅療法講演録』（*山内啓二述、松浦玉圃筆記、大槻文彦序、後藤新平題字、*大気堂刊）

*山内啓二：紅療法の発明者。1866慶応2年宮城県生まれ。山内玄人編『伝記山内不二門』

*大気堂：『東京模範商工品録』1907明治40年に大気堂の輪転謄写機の写真あり。

1918大正7年8月、玉圃80歳。大槻文彦宛「富士登山記」あり（早稲田大学図書館蔵）。

松浦玉圃の没年不詳。

参考：けやきのブログⅡ

2014.2.22「明治、東北の実業人と台湾（荒井泰治・藤崎三郎助・槇哲）」

2011.5.21「幕末の大阪で塾を開いた漢学者、岡鹿門（仙台藩）」

2012.7.22「明治の少警視そして青森県知事・佐和正（仙台）」

2014.05.03 ────────────────────────────────

武侠社、押川春浪（愛媛県）・柳沼澤介（福島県）

プロ野球、テレビ観戦を楽しんでいるが、東京ドームに応援に行くこともある。やはりナマは迫力があり、ホームランはもちろん野手の送球もカッコイイ。勝負事だから負ける事もある。でも、長時間かかって負けると損した気分、時間を返してもらいたい。

ところで、近ごろ野球人気陰っているらしく、地上波では終わりまで観れない。しかし野球が日本に入ってきた明治はなかなかの人気だった。

2013.02.12ブログ〔ベーブルースと会った河野安通志〕にも書いたように、「野球は害毒」説が言われるほど人気があった。

　その「野球は害毒」に反論、野球擁護にまわったのが河野安通志、そして早稲田野球部長・阿部磯雄、小説家・押川春浪らである。

押川　春浪（おしかわ　しゅんろう）

　1876明治9年3月21日、愛媛県松山生まれ。本名・方存。

　父は明治期のキリスト教教育家、東北学院を創立した**押川方義**で、「東北の神様」と称せられたほどの人格者であった。

　1880明治13年、両親とともに新潟に移り、翌年、仙台へ。

　1883明治16年、仙台の宮城師範附属小学校に入学。

　?年、上京して明治学院に入学、野球に熱中しすぎて勉強を怠り、父に東北学院に転学させられた。ところが、粗暴なため放校。

　?年、札幌農学校実習科に転校。やはり乱暴なため又も追放される。

　1895明治28年、父の方義が大隈重信と親しかったので、東京専門学校（早稲田の前身）に入学。

　在学中に処女作「海底軍艦」を書き、単行本として出版し一躍名を知られる。春浪の冒険小説は日清戦争時の国運伸張の気運に乗じ、世に大いに迎えられた。

　春浪は次々に作品を発表、**巌谷小波**の推薦で博文館に入社。雑誌『冒険世界』の主筆となった。しかし、翌年二児を亡くし元気がなくなった。

　そのころ、学生野球人気の過熱に対し「東京朝日新聞」**野球撲滅論キャンペーン**がはられた。これに春浪らは真っ向から反論、『冒険世界』でも大々的に反論しようとして注意され、博文館に迷惑がかからぬようにと退社した。

　1909明治42年ごろ、野球好きの押川春浪を中心にはじまったチーム、天狗倶楽部のメンバー中に**小杉方庵**、柳沼澤介がいた。

　天狗倶楽部の活動は、試合や宴会までも新聞記事になり、読者の注目を集めた。

1912大正元年、押川春浪は友人、柳沼澤介・小杉方庵（未醒）らと、ナショナリズムとつながる少年文学雑誌『**武侠世界**』を創刊し活躍した。

　1914大正3年11月16日、風邪から肺炎になり死去。まだ38歳であった。

柳沼　澤介

　1888明治21年5月21日、福島県二本松で生まれる。

　1904明治37年、16歳で出版社・興文社に入り、先代・長治郎に才能と手腕とを認められる。

　1912大正元年ごろ、興文社を辞め、押川春浪と武侠社を創立、『**武侠世界**』を発刊。

　当時は日本の進展期にあたり、東洋にも諸外国の植民政策が伸びてきていた。それに対抗、日本民族の生きよう、伸びよう、というロマンチックな夢は、春浪の冒険小説を読む青年たちの共感をそそった。この雑誌は一時期、高評を博したが春浪没後、廃刊。

　武侠社は、昭和初期の円本時代を迎えて、雑誌『犯罪科学』や円本の『近代犯罪科学全集』『性科学全集』を刊行。しかし、円本時代の終焉とともに武侠社は消滅したようだ。

　1905明治38年、近時画報社『婦人画報』を創刊。**国木田独歩**が編集長をつとめ、翌39年、独歩社に改称。独歩の死後、東京社が継承したが経営状態はよくなかった。

　1931昭和6年、柳沼澤介は小杉放庵との関係もあり東京社の経営再建を引き受け、立て直し社長になった。この東京社は、現ハースト婦人画報社の前身。

　1955昭和30年代まで東京社を経営。

　柳沼はかつての勤務先、興文社にも相談役として関わり、興文社の「小学生全集」とアルス出版の「児童文庫」が販売でしのぎを削っている時、采配をふるった。

　柳沼自身の著作、『飛行機の作り方』を大正元年出版とあるが、確か

められなかった。

　また、『日本出版大観』に次のエピソードがあるが、これも資料が見当たらない。

―――第一次世界大戦中、ドイツ潜艦の出没が激しくなり、輸出入が途絶えると、大日本人造肥料会社の重役・平田初熊と共同で南洋方面に船を出し、一年半ほど冒険的事業に身を投じた。

　明治から昭和初期にかけての編集者であるが、人名辞典に掲載がなく残念ながら詳しい履歴、死去の年代も分からない。

　武侠社の出版物は古書で出回っているのもあるよう。次に、国会図書館デジタルコレクションで読める武侠社の刊行物をあげておく。

『犯罪科学全集』『清水次郎長』『日本共産党検挙秘史』『忍術己来也』『唐手・琉球拳法』『性科学全集』

　参考：『日本出版大観』1931出版タイムス社。『現代日本文学大事典』1965.明治書院。

2014.05.03 ―――――――――――――――――――――――――――

続・日本種痘はじめ大野松斎＆桑田立斎

「大野松斎は長崎に行ったか」

―――松斎がまだ長崎で勉強をしてゐた時、どこで松斎の人格を知ったのか、ある日高島秋帆が松斎を呼んで、「今度オランダから牛痘の種痘が伝わりました。ついてはこの痘苗を切らさず永く日本に残して人命を救いたいのです」（『日本種痘はじめ』鈴木三郎著p170）

　これで、シーボルトと関わりのある長崎町年寄・高島秋帆が松斎に「長崎から江戸へ種痘の種、痘痂（かさぶた）を運ぶことを依頼した」のを知り、＜日本種痘はじめ、お芋の松斎先生＞に記した。

　実は、引用しつつも松斎はいつ長崎に？師は誰？と気になったが、他の資料が見つからなかった。その「気がかりに」コメントが寄せられた。

───（温故堂氏コメント）松斎が長崎に留学したことは『近代名医一夕話』と『東京日日新聞』明治21年7月19日の記事に書かれていますが、ほかの史料で裏付ける確証がありません。いつごろ留学したかお分かりなら教えてください。

───（筆者の答え）分かりません。読んでもらえたばかりかコメントまでいただき感謝しつつ資料を探しましたが、見つかりませんでした。

以下参考まで。

シーボルト関連の著作や研究書、『シーボルト先生 ── その生涯及び功業』（呉秀三著・東洋文庫）、『江戸参府紀行』（シーボルト著・東洋文庫）、『シーボルト日記』（八坂書房）などで日本人をチェックするも、それらしい人物は見つけられなかった。

『種痘伝来』（アン・ジャネッタ著・岩波書店）にも長崎関連で松斎の名はない。また、松斎の師・坪井信道は長崎で医術を学んでいないようで、この縁での長崎行きはなさそう。

ただし、長崎町年寄・高島秋帆は種痘の大切さをよく理解、普及にも熱心だった。そうして彼自身で、または蘭方医に頼まれて痘苗を輸入している。そんな事から手に入れた痘苗を江戸へ送る事を頼むことはありそうだが、資料がなく不明。

高島秋帆と大野松斎の出会いを描いた『日本種痘はじめ』は帝国教育会の出版、会は大日本教育会と国家教育社が合併して設立され、会長は近衛篤麿である。

松斎は皇族方に種痘しているからその方面に経歴書がありそう。それに長崎で学んだと記されていたのだろうか？これも資料を見ていないから分からない。

ところで、「松斎が長崎で種痘法を学ぶ」というのが、インターネット＜谷中・桜木・上野公園路地ツアー／大野松斎＞にあった。

───はじめ久保田藩の藩医・斎藤養達に医学を学ぶ。のち京都で新宮涼庭に、江戸で坪井誠軒に師事。のち、長崎でモンニッキに種痘法を学ぶ。……養子に大野恒徳がいる。門人に秋田種痘医・北島陳直・児玉

弘愛がいる。

　モンニッキはおそらく出島のオランダ人医師、オットー・モーニッケ（モーニケとも）と思われ、記事の出典を知りたい。

　ちなみに、モーニッケは長崎通詞ら日本人３人の子どもたちに牛痘種痘を施している。モーニッケは種痘を日本にもたらすために、30年もの間苦労をして、やっと３人の中の一人に成功した。日本に種痘を広めるのに功績のあった人物である（『種痘伝来』）。

「松斎は北海道に渡ったか」

───桑田立斎と大野松斎は同門で、立斎が病で亡くなった後、松斎が志を継いで種痘に奔走した（1876明治９年『牛痘弁論』林義衛 述［他］（英蘭堂・島村利助蔵版）。

桑田　立斎（くわた　りゅうさい）

　1811文化８年、新潟越後に生まれる。

　幕末の医師、桑田立斎は江戸深川で小児科を開業。モーニッケによって牛種痘が伝えられ、痘苗が江戸の佐賀藩主鍋島邸に到着すると、同邸および自邸で幼児らに接種。さらに書物を著し、錦絵風の引札をたくさん作ってその効果を宣伝した。

　桑田立斎『三済私話』1854嘉永７年刊挿絵（早稲田大学図書館・古書資料）

───立斎は長崎遊学の機会はなく、おそらくオランダ語に堪能ではなかったであろうが……彼自身天然痘にかかった子どもの治療経験を持っていたゆえに、ジェンナーの牛痘種痘の普及への貢献は際だつ（『種痘伝来』）。

　1857安政４年、立斎は、蝦夷地で痘瘡が流行した際、幕命をおびて門弟と苗児を伴い、幼児に種痘するリレー式で目的地に赴き、７千人に接種した。このとき、大野松斎も立斎と北海道に渡ったと石黒忠悳（いしぐろただのり）、これについても資料を得られなかった。

　しかし、石黒忠悳のち軍医総監は、大野松斎が社長をつとめた種痘所、

積善社議員６名の筆頭に名がある（『種痘弁疑・続』）。そのことからして、松斎が北海道へ渡った話はそうかも知れないと思えるが、どうだろう。

　また、北海道へ種痘に赴いたとき立斎は46歳、松斎も行ったとすれば立斎より8歳下の38歳、門弟と思われ特に名を記されなかったのかも。

　1868明治元年、明治維新後、種痘所が出来た年に死去。

　積善社人名表（56名）に名は無いが、その功績は伝えられている。

　余談。

　前出、『種痘弁疑・続』（1881島村利助）著者・阪本蕙甼は、原稿を携えて中村敬宇に序を乞いに行った帰り、飯田橋あたりで袂に入れた原稿を紛失してしまった。散々探し探し回った翌々日、無事に届けられた。

　市ヶ谷在住の若松県士族青山藤五郎という人物が、「種痘の書にして天下有用の術なれば」と届けてくれたのである。

　ちなみに、大野松斎の墓銘は中村正直（敬宇）撰。松斎の隣にある養子・大野恒徳の墓の撰文は石黒忠悳である。恒徳もまた種痘医として活躍し、日清戦争に軍医として従軍した。1899明治32年没。

2014.05.17 ─────────────────────────────────

小説家・翻訳家壮志忘れず、二葉亭四迷（江戸）

　先日、TVで流行語「今でしょ」の林修氏が、二葉亭四迷の「言文一致」について説明していた。それを見ながら、染井霊園の落ち葉が吹溜まる何とも寂しげな二葉亭の墓石を思い出した。訪ねる人もなさそうだったが、二葉亭の文学が難しいのか、明治がよほど遠いのか、知識がなく判らない。この際、ちょっと見てみようか。

　たしかに夏目漱石や森鷗外が口語訳される現代、130年前の『浮雲』は難しそう。

　1887明治20年出版『浮雲』、言文一致体といっても平成の世では古文と同じ、注釈が必要。そこで『坪内逍遙／二葉亭四迷集』（新日本古典

文学大系・明治編2002岩波書店)を借りた。この本なら詳しい注と挿絵に助けられ読めそう。

　それぱかりか豊富な注(十川信介・校注)は、明治の世相を垣間見る手立てになり、歴史的興味も満たされる。

　「小説のような二葉亭四迷／長谷川辰之助の生涯の輪郭」を『政治小説／坪内逍遙／二葉亭四迷集』(現代日本文学大系1978筑摩書房)の年譜で記す。

二葉亭　四迷

　1864元治元年、江戸市ヶ谷合羽坂尾張藩上屋敷で生まれる。

　本名・長谷川辰之助。父は尾張藩士・長谷川吉数。

　上野戦争(戊辰戦争)後、諸藩引き払いとなり祖母らと名古屋に赴くが、父は江戸に残り藩邸を守る。

　1869明治2年、野村秋足の塾で漢学、叔父に素読を学ぶ。このころ髷を結い帯刀。

　1875明治8年、父の任地・島根県松江へ。内村鱸香に漢学、松江変則中学校に通う。

　1878明治11年、15歳で上京。軍人志願で陸軍士官学校を受験、3年続けて不合格。

　1881明治14年、18歳。東京外国語学校露語科入学。寄宿舎に入る。

　20年来の友人・**内田魯庵**(評論家・小説家)は当時の二葉亭について

──＜東亜の形勢を観望して遠大の志を立て、他日の極東の風雲を予期して舞台の役者の一人となろうとしてゐた……それ故に軍人志望が空しくなると同時に外交官を志して露語科に入学した。二葉亭のロシア語は日露の衝突を予想しての国家存亡の場合に活躍する為の準備として修め……死ぬまで国際問題を口にしたのは決して偶然ではない、青年時代からの血を湧かした希望であったのだ＞(『おもひ出す人々』二葉亭四迷の一生)

　1885明治18年、父が非職(官吏の地位をそのまま職のみ免ず)となり両

親と住む。

<20代>

1886明治19年、商業学校（のち一橋大。東京外国語学校が廃止され東京商業学校に合併）を退学。英人**イーストレーキ**に英語を学ぶ。ツルゲーネフ「父と子」を部分訳。

1887明治20年、24歳。『浮雲』第一編刊行、二葉亭四迷と号した。翌年第二編。

1889明治22年、内閣官報局雇員（**高橋健三**局長）。

初め英語のちロシア語の新聞雑誌の翻訳をした。

文学では生活できず苦境の二葉亭に翻訳官として官報局に斡旋してくれたのが、外国語学校の恩師・古河常一郎であった。夏から出仕、以後の数年は生活が保障され漸く安心して、文壇から縁を絶って読書に没頭することが出来た。

1891明治24年、神田錦町の下宿を**横山源之助**（社会問題研究家）が訪ねてきた。彼は二葉亭、松原岩五郎らの影響をうけて社会問題に関心を持った。

―――長谷川君に会ってみると何もない4畳半の部屋できちんと座り……どうかすると腕捲りをする癖があったようだが、どこ迄も穏やかで、丁寧で、その中に近づくべからざる威厳も備わっていた。僕はこの人が小説を書いた人かと、聊か案外にうたれた（横山源之助著『凡人非凡人』（1911新潮社）。

<30代>

1893明治26年、30歳。1月福井つねとの婚姻届、2月長男生まれる。
―――いつも長谷川君の家で落ち合ったのは、**内田不知庵（魯庵）**君であった。当時内田君はドストエフスキーの『罪と罰』を訳して、名声さくさくたる時で、長谷川君と口角泡を飛ばして、何か論じていたのを僕は傍で煙草を吹かしながら聞いていた。

……その中に（明治27年）日清戦役の黒幕が落ちた。この時はもう理想に耽る長谷川君ではなかった。国際問題も出れば、生活難も出る、家庭

の煩悶もでてきた（前同）。

1896明治29年、つねと離婚。

翻訳集『かた恋』（片恋、奇遇、あひびき）出版。二葉亭の訳文はいずれも推敲に推敲が重ねられており、美しい日本文体に昇華されている（『現代日本文学大事典』1965）

1897明治30年、ゴーゴリ「肖像画」、ツルゲーネフ「うき草」訳載。

内閣官報局は自由の空気があり書生放談の下宿屋の雰囲気だったが、局長が替わり自由な空気は一掃され、恩師古河も辞めたので二葉亭も辞職。

1898明治31年、陸軍大学校露語科教授嘱託となったが辞め、海軍編修書記となる。

1899明治32年、海軍編修書記を辞任、東京外国語学校教授に就任。

1902明治35年、髙野りうと結婚。東京外国語学校を辞任。

貿易商・徳永茂太郎のハルピン支店顧問としてハルピンに赴く。

─── 「ハルピンの私の写真館に、飄然と現れた奇人の中にロシア文学者二葉亭四迷（長谷川辰之助）氏がある。何の目的でハルピンに来たのかと訊ねても、いつも笑って答えなかった。徳永商店に滞在してブラブラと日を暮し、気が向けば私の写真館に遊びに来たまま一週間も泊り込み、写真館のお客を相手に自由なロシア語を操っていた。筆名の由来を訊ねると、親父が三文文士が大嫌いでね、貴様のような奴はくたばってしまえと」（石光真清著『曠野の花』1972龍星閣）

二葉亭は各地を視察して北京へ行く途中、ウラジオストックでのエスペランティストの会合に参加。10月、外国語学校同窓の川島浪速・清国宮師警務学堂監督と会い、同学堂提調代理に就任。北京北城文司庁胡同警務学堂公館に住んだ。

<40代>

1903明治36年、40歳。警務学堂提調を辞任して帰朝。

1904明治37年、日露戦争開始。大阪朝日新聞東京出張員となる。

トルストイ『つつを枕』出版。

────長谷川君が「語学というのは恐ろしいもんだ。露西亜（ロシア）の事情は、皆目判らない癖に、露西亜の事となると、之はおれの任務だという気がしてならない」といったのを覚えているが、おそらく君の心事を尽くしたものであろう……その翻訳でも、対露問題でも、はたまたその生活でも、皆君の性格を領していた真面目を以て蔽はれていた。僕は真人長谷川辰之助君に最も服したのであった（明治42年横山源之助）。

1905明治38年、二葉亭の原稿は細密であったが新聞向きではなく冷遇され、大阪朝日を退社しかけたが、**池辺三山**（明治の三代記者の一人とも）の尽力でそのままとなった。

1906明治39年、小説『其面影』を東京朝日に連載。

亡命ポーランド革命家ビルスーツキーを知り援助、また亡命ロシア革命家らも援助。

1908明治41年、ロシアの新聞記者ダンチェンコが来遊、二葉亭は朝日を代表して方々案内。ダンチェンコは朝日社長の村山や池辺に、二葉亭を特派記者として推奨し受け入れられた。二葉亭は6月、神戸から海路大連を経て、シベリア経由でペテルブルグへ赴く。

1909明治42年、46歳。二葉亭は感冒から肺尖カタル、肺結核に冒され友人の説得により帰国を決意。

4月入院先を出発、ベルリン、ロンドン、マルセイユ、スエズ、コロンボを経て日本へ帰航途上、**5月10日、ベンガル湾上で死去**、シンガポールの山腹で荼毘に附された。

二葉亭終生の友人、**内田魯庵**は『二葉亭四迷の一生』を次のように結ぶ。

────一代の詩人の不幸なる最後にふさわしい極めて悲壮沈痛なる劇的光景であった。空しく壮図を抱いて中途にして幽冥に入る千秋の遺恨は死の瞬間まで悶えて死にきれなかったろうが、生中に小さい文壇の名を謳われて枯木の如く畳に朽ち果てるよりは、遠くヒマラヤの雪巓を観望する丘の上に燃ゆるが如き壮志を包んだ遺骸を赤道直下の熱風に吹かれつつ荼毘に委（い）したは誠に一代のヒーローに似合わしい終焉であった……

葬儀は染井墓地の信照庵に営まれた………門生が誠意を込めて捧げた百日紅樹下に淋しく立てる墓標は池辺三山の奔放淋漓たる筆蹟にて墨黒々と麗しく二葉亭四迷之墓と勒せられた（中略）渠（かれ）は小説家ではなかったかも知れないが、**渠れ自身の一生は実に小説であった。**

2014.05.24 ──────────────────────────────

ペリー＆プチャーチン応接係・維新後は神道、平山省斎（福島県）

幕末外交史年表をみると、各国使節・提督＝米ペリー、露プチャーチン、英スターリング、総領事＝米ハリス、英オールコック、仏ド・ベルクールのちロッシュと外国人が並ぶ。

開国したものの体制が弱りつつあった幕府、その応接は困難だったがアメリカのハリスと交渉して通商条約の締結に努めた岩瀬忠震（いわせただなり）、またロシアのプチャーチンと応接に努め日露和親条約に調印した川路聖謨（かわじとしあきら）らはよく力を尽くした。

ところで外交交渉とは別に、攘夷派の武士らによるやっかいな殺害事件が一度ならずあった。安政2年、米国公使館書記・通訳官ヒュースケン暗殺はよく知られる。また、坂本龍馬の「船中八策」がなった翌月、「イギリス水兵殺傷事件」がおきた。

1867慶応3年7月6日夜、長崎の寄合町で泥酔し寝込んでいた英国軍艦イカラス号水兵2名が殺された。

イギリス公使パークスは激高、幕府に犯人の逮捕処刑を強要すると共に、「殺害したのは近くにいた土佐藩・胡蝶丸乗組員である」として、幕府を介せず直接英国軍艦を土佐に派遣して詰問しようとした。

幕府は外国奉行・平山図書頭（省斎）をイギリス艦に乗せて土佐に送り、問題を処理しようとした。省斎は高知に赴くと藩主・山内豊範に面会して相談。犯人を捕らえて差し出すという答えを得、すぐ長崎に赴き、土佐藩の艦長に藩主の命を伝えた。

―――幕府も責任上いろいろ探索したが、犯人を得ることができなかった……後に、この犯行は筑前藩士と判明し、明治元年関係者が処罰されたが、下手人の金子才吉はすでに自殺していた（『幕末外交談2』田辺太一著1966東洋文庫）。

平山　省斎

1815文化12年、陸奥国三春藩士・剣道師範の黒沼活円斎の次男に生まれる。

母は塩田氏。名は謙二郎のち敬忠。

1834天保5年、20歳で江戸に遊学。

以来10数年、叔父・竹村久成の家事を助け、漢学を桑原北林、**安積良斎**（あさかごんさい）に学び、国学を前田夏蔭に学んだ。学力をつけてからは家に居て教え、求めがあれば講義した。

1848嘉永元年、桑原北林の次女、千代と結婚。

1850嘉永3年、36歳。幕府小普請・平山源太郎の養子となる。

1852嘉永5年、内命あり下田に微行。ロシア船の日本漂流民送り戻しの事実を探った。

1853嘉永6年、アメリカ東インド艦隊司令長官ペリーが軍艦4隻を率い浦賀に来航。

1854安政元年、40歳。幕府徒目付。

3月、日米和親条約締結、省斎も応接係の一員であった。

4月、目付・堀利忠らに随行、蝦夷を巡視し樺太、東北沿海を巡る。ロシア海軍提督プチャーチン再来、水野忠徳に従い応接。12月、日露和親条約締結。

1855安政2年、ペリー下田に再来、省斎は岩瀬忠震（いわせただなり）に随行し応接。

1857安政4年、勘定奉行・水野忠徳に随行、長崎でロシア・オランダ公使と貿易交渉。

1858安政5年、書物奉行に昇進。岩瀬忠震の命を受けて越前・橋本

左内と往来。

省斎は岩瀬の知遇を得、意見書など省斎の筆になるものもあるという。他に、永井尚志、水野忠徳、堀利熙、山口直亮、大久保忠寛、板倉勝静らと交際があった

1859安政6年、45歳。一橋派とみなされ大老・井伊直弼により処罰、御役御免となり甲府勝手小普請入り。甲府勤番は幕府直轄領支配として設置。のち多く左遷された非役の御家人がなった（『省斎年譜草案』1908平山成信編）。

1860万延元年4月、甲府に出発。甲府にいる間も子弟を教えた。

省斎の人となりは沈毅堅忍、倹素、人の危急を救うのに力を惜しまなかった。教え方も理解しやすいように丁寧に繰り返して説くといったふうで、教えを請う者が後を絶たなかった。

1862文久2年、江戸小普請入り、江戸に帰る。

1863文久3年、箱館奉行支配組頭になり函館へ赴任。

1865慶應元年、51歳。二ノ丸留守居、外国御用となり江戸へ帰る。第二次長州戦争。

1866慶應2年、省斎は小笠原長行に従い小倉へ。鍋島閑叟の求めで佐賀に赴き面会。

7月、将軍家茂が戦い半ばで病没、幕府軍は引き揚げることに。小倉陣営の小笠原は夜陰に乗じて船で長崎へ向かった。ところが省斎は、これを知らず昼夜兼行で急ぎ長崎へ向かう。着いてみると、小笠原らは既に江戸に帰った後だった。

省斎はのちに「余、世故を閲し難局に当たること多し、然れども苦心焦慮このときに過ぎたるはなし」（『明治百傑伝』千河岸貫一編1902青木嵩山堂）と語る。

8月、外国奉行に抜擢された省斎は長崎から江戸へ出発。名も図書頭と改める。

この年、朝鮮で布教をしていたフランスの宣教師と信徒が惨殺された。フランス東洋艦隊ローズ提督は艦隊をひきいて朝鮮に赴き攻撃を開始。

朝鮮はこれに応戦、また厳寒の季節のためフランス側はいったん兵を引き揚げた。このフランス・朝鮮戦争について、朝鮮から幕府へ知らせがあり、フランス公使からも通知がきたので、幕府は仲裁をしつつ、もともと交際のある隣国朝鮮に西洋各国との交わりをすすめ、更に東洋に覇をとなえる下地にしようとした。

　1867慶応3年、幕府は平山図書頭、古賀謹一郎の使節派遣を決めた。省斎は若年寄兼外国総奉行に抜擢され、朝鮮との交渉を命ぜられた。

　ところが前出の「イギリス兵殺傷事件」がおこり、平山は朝鮮に向かう前に、前述のように高知と長崎で事に当たらなければならなかった。そうして、役目を果たした省斎は、対馬から朝鮮へ渡航するため11月品川を出帆。

　大阪から京に至った所で政変、徳川慶喜の大政奉還を知った。幕府役人・平山省斎は御役御免となり、朝鮮への使節派遣は中止になった。

　1868明治元年、平山は官位剥奪の処分を受け閉居。次いで徳川慶喜に従い静岡に移住。

　静岡では八幡村・西光院で子弟を教えた。

　1870明治3年正月、許されて東京にもどり、城北白山（北豊島郡）に住み、素山道人と号す（『偉人事績』1908福島県編）。

　1873明治6年、59歳。氷川神社大宮司、権中教正に補せられる。

　1876明治9年、氷川神社大宮司、日枝神社祠官を兼任。正七位に叙される。

　1879明治12年、大教正。大成教会を結成し教長と称す。

　これより国教を振張するため敬神愛国の道を説く。

　1884明治17年、70歳。神道総裁より大成教管長を申しつけられる。

　1889明治22年、佐久間象山贈位祝祭の斎主となる。その帰途、病にかかる。

　1890明治23年5月、前年の病が再発して死去。76歳。

　上野公園谷中墓地に眠る。

外来の体操とスポーツ・卓球を日本に、坪井玄道 （千葉県）

　近ごろ卓球にはまって机に向かう時間が減り、毎週更新がきつい。ブログは生き甲斐、時間配分どうしよう？　卓球は、「やろうとする事は判る、でも腕がついて来ないなあ」と笑われる始末。しかし、インターハイなど過去の栄光が無い者は、いくら負けても平気。ボールの回転についていけなくても、ラケット振れれば愉しい。

　ところで今、卓球できる所はいくらでもあるが、スポーツ草創期はどうだった？

　1873明治6年、開成学校の米人教師・ウィルソンがはじめて紹介した野球は、明治半ばには人気が過熱、「野球害毒キャンペーン」が展開されたほど。

「ベーブルースと会った河野安通志」2013.12.07記事

　それに比べ卓球の紹介は、野球より30年近く遅れている。

　1902明治35年6月、英国より帰国の東京高等師範学校教授　坪井玄道、卓球を紹介。

坪井　玄道

　教育家。外来の体操とスポーツを日本に植え付けた功労者。

　1852嘉永5年、下総国東葛飾郡鬼越村（千葉県）の農家に生まれる。

　1867慶應3年、15歳で江戸に出て英語を学ぶ。

　1871明治4年1月、大学得業生（卒業生）。

　得行生：明治初年に置かれた兵学寮・大学校の教官及び工部省の技術官。

　8月、文部省出仕。

　1872明治5年。師範学校係、アメリカ人教師スコットの教授法を通訳する。

　1875明治8年、宮城英語学校教諭。

1877明治10年、仙台中学校教員。

1878明治11年、体育指導者養成のため政府が東京神田に設置した体操伝習所（初代主幹・伊沢修二）アメリカ人教師リーランドGeorge E.Lelandの通訳兼助手となる。

1882明治15年、リーランドの著述を翻訳、日本最初の体操教科書『新撰体操書』を刊行。

1885明治16年、文部相御用掛、体操伝習所勤務。

東大教師ストレンジの著書翻訳『戸外遊技法』出版、体操や様々なスポーツの普及に努めた。本文中に〔フート、ボール（蹴鞠の一種）〕という項目があり、後にサッカー普及の祖として顕彰される。

1886明治19年、伝習所は東京高等師範学校に継承、その教授となる。

1887明治20年、高等師範学校教諭。

1888明治21年、東京高等女学校教諭、23年、東京女子高等師範学校教授を兼任。

1900明治33年、体操研究のためフランス・ドイツ・イギリス三国へ留学。

1902明治35年、帰国。欧州からアメリカを巡り、**アメリカから卓球の用具をはじめて輸入**、流行の端緒をつくった。

この年のできごと：日英同盟協約調印／耐寒雪中行軍の弘前歩兵第5連隊、八甲田山麓で猛吹雪のため遭難／アメリカ炭鉱労働争議、ルーズベルト大統領紛争介入など。

1903明治36年、体操主任教授。東京市本郷区弥生町三番地在住

1904明治37年、文部省体操および遊技取調委員を委嘱される。

1907明治40年、普通体操及び兵式体操の調査委員。

1922大正11年死去。70歳。

〈ピンポン倶楽部〉

――少年諸君の中にはまだご存じないかたも多かろう。それは英国から渡った新しい遊戯機械で、何の事はない、座敷テニスだ……余も二、三度やって見たが、元よりテニスほどの趣味は無く、またそれほど運動にも

ならぬが、女子供の遊びには、又至極適当なものだ（『小波洋行土産』巌谷小波著・明治36博文館）。

〈卓球初期の思い出話〉

　東京帝国大学教授・小石川植物園長・中井猛之進

　——体操の先生、故坪井玄道氏がピンポンPing Pong　一名Table Tennis を輸入されて美津濃で10組を試作させた。然し先生が東京帝国大学校内を持回って買手を求められたが全部は売れなかった

　……黄色を帯びたセルロイドのボール、ネットは弱いので桃色の布で縁が取ってあった。ラケットの柄は長く太く相当に重かったが、1909明治42年兵隊に行くため本郷追分の屑屋の手に渡ってしまい、惜しい記念物を失ったと悔やんでいる

　……1914大正3、4年の頃は子爵・戸田康保氏、新谷壽三（北樺太石油会社技師）らと共に宗教大学の各選手と往復していた。

　当時、美校生が写生に来るので幾度も試合した。その頃、農大・東歯・宗教の3校が東都の三傑で巴戦をしていた……ラケットは人々勝手なものを使い、計量本位の編目の穴あきもの、筋をつけてカットに便ぜるもの、柄の馬鹿に長いもの、板に象嵌したもの、象牙の柄を附けたもの、板の部が一尺もある大型のものを使用し打つ毎にボールを煽いでいた人もあった……（『東京歯科医学専門学校学生会卓球部創立二十年史』1934）。

〈多治見人とピンポン〉

　——　瞬間の駆け引き、咄嗟に敵の虚を看破して、熱球深く敵手の胸をつく底の快味は、此の競技の特徴でしかもテニスよりは、もっと簡単な競技が、この忙しい町に勃興するのは当然の事で、立派な正式の卓が各商店に据えられ、全多治見の商店の娯楽機関の中心になろうとして居る（『茶碗屋茶話』芳野町人著・大正14山名書房）。

〈ピンポン〉

　——目下当地に於ける流行の一つはピン、ポン（Ping-Pong ）と申す遊技に御座候……薄き革にて張りたる、団扇型の、おもちゃの太鼓の如きラケットにて、杏の実ほどなるガムのボールを打ち競ふこと……ピン、ポ

ンとは其の球を打つ音に象取りし名なる……晩餐のあと食卓をかたずけて
より、いざ一勝負と、若き男女等……きわもの類の小説詩歌集中にも、「物
思はしげなる美人が、ピンポンの音する家より二軒目の窓の前に、そと立
寄りて」……など物したるを見申候（『明治大正随筆選集14』島村抱月著・
大正14人文会出版部）。

　参考：『最新学校体操之理論及体操遊技教授細目』明治43平本健康
堂／『第五回内国勧業博覧会審査官列伝．前編』明治36金港堂編（肖像
写真）／『世界大百科事典』1972平凡社／『コンサイス日本人名事典』
1993三省堂

2014.06.07 ―――――――――――――――――――――――――――

明治の小説家・翻訳家、若松賤子（福島県）

　「小公子」（明治24.11.5）の広告、若松賤子の名を出さずに「＊巌本善治
妻訳」としてあるのが、異様に感ぜられる（『明治東京逸聞史』森銑三著・
東洋文庫）。

　巌本善治（いわもとよしはる）：明治・大正期のキリスト教女史教育者。中
村正直（敬宇）・津田仙に学ぶ。『女学新誌』（のち女学雑誌）創刊。女子
教育の振興・一夫一婦制・廃娼を主張。その門下から大塚楠緒子、羽
仁もと子らがでている。

　森銑三（もりせんぞう）：大正・昭和期の日本文学者・書誌学者。

　女学雑誌：キリスト教を基盤に女性の教養と女権意識を高めようとした
のが評判をよんだ。巌本は24号から「持主兼編集人」として「女学雑
誌」を担い、内容は政治社会、海外情報の多方面におよんだ。途中から
文芸色を強め、北村透谷・島崎藤村など多くの俊才がここから巣立った。

　〈「小公子」、明治24.11.5の広告〉

　ペンネーム若松賤子（わかまつしずこ）でなく、結婚後の姓名で載せ、『小
公子』など作品名を挙げず、「その志は常に家庭改良にあり」と。

<巌本嘉志子　女文士>

———旧会津藩重臣島田勝次郎の長女にして雅名（雅号）若松賤子、元治元年二月岩代若松に生る。後母を喪ひ東京の人大川甚兵衛に養はれて次て米国ミラー嬢に頼り、明治十年横浜フェリス女学校を卒業　助教諭として声明あり遂に英文学の蘊奥を究め兼ねて和文の才に長す　其志常に我邦家庭改良に在り　是を以て文皆清雅穏健実に文壇の一異彩たり二十年明治女学校長、*女学雑誌社社長巌本善治に嫁し　二九年二月十日肺患を以て没す年三十三染井に葬る（湯谷紫苑）

若松　賤子

1864元治元年、福島県会津若松市阿弥陀町6生まれ。本名・松川甲子（かし）。

父が会津藩主・松平容保の下で公用人物書（隠密）役として仮名を使ったので、幼少時は島田かし子と称した。

1870明治3年、生母が28歳で病没。

賤子は、商用で会津を訪れていた横浜の織物商山城屋（野村）の番頭、大川甚兵衛の養女となり、横浜に伴われアメリカ人から英語とキリスト教の教育をうけた。

1878明治11年、8歳でミス・キダー（のちミセス）の学校（のち**フェリス学院**）入学。

ミッションスクールで宣教師の教育を受け、典型的なプロテスタントとしての教養を身につける。

1882明治15年、フェリス和英女学校高等科第1回卒業生として卒業。

成績抜群であったので、ただちに同校の助教となり長く教鞭をとった。英語で寝言をいうほどの語学力であった。

1886明治19年、母校の教壇に立つ。

その傍ら『女学雑誌』に寄稿、「旧き都のつと」を若松賤の筆名で初めて発表、以後、「木村とう子を弔ふ英詩」「世渡りの歌」（ロングフェロー）等を訳した。

1887明治20年に喀血、以来肺結核は徐々に進行。

1888明治21年夏、賤子は巌本善治がフェリスの試験委員をしていた関係もあって交際がはじまり、恩師ミラー夫人が奨める縁談を断って婚約。当時のいきさつを相馬黒光が『明治期の三女性』（1940厚生閣）に書いている。

1889明治22年7月、*中島信行・*湘煙夫妻の立ち会いのもとに横浜海岸協会で結婚。湘煙とは彼女がフェリスに漢文教師として赴任して以来、親しく交際していた。

*中島信行：海援隊を統率。維新後は神奈川県令、自由民権運動にかかわり自由党副総理。

*中島湘煙（なかじましょうえん）：（岸田俊子）宮中女官から転身した自由民権家。

賤子はフェリスを退職、執筆活動に本格的にのりだし、アデレード・アン・ブロクターの英詩に取り組み翻案、自然な口語体による『忘れ形見』を完成させた。

『忘れ形見』全文と原詩"THE　SAILOR　BOY"は「新日本古典文学大系・明治編『女性作家集』岩波書店」で読める。他にも、創作「お向こふの離れ」、翻訳「イノックアーデン物語」（テニスン）を発表。

1890明治23年、長女・清子出産。

「小公子」を女学雑誌に翻訳連載し、森田思軒（ジャーナリスト・文学者）らに傑作として賞賛を受け、文名を不朽のものにした。

挿絵入り『小公子』は、旧仮名遣いとはいえ、やさしい語り口で120年以上も昔の作品とは思えない。明治文学全集『女学雑誌・文学界集』若松賤子篇（筑摩書房）で読むと、原作原文をすっかりのみ込んだうえで、日本語に翻訳していると判る。よほど文学の素養、手腕があったよう。

賤子の文学は樋口一葉「この子」や、押川春浪「海底軍艦」など、少年文学に影響を与えた。

1891明治24年、長男荘民出産。

1894明治27年、次女民子出産。

家庭生活の中で、翻案小説のみならず、童話、評論など数多くの仕事が生み出されたが、賤子は幼い3人の子どもたちを残して、その生を終えた。

——女史は死に臨んで慫慂として、敬愛なる夫君に臨終の想ひを語りました。「私には人に話すようなものは何もない、ただ一生の恩寵を感謝してただけです」

それ故自分の死後にどうか伝記などは書かずにおいてもらひたいと。遺言は守られて、葬式は内輪の人のみで静かに営まれ、城北染井の墓地にとこしへの憩ひの場所を与えられました。墓石にはただ「賤子」と彫りつけたばかりであります（『明治期の三女性』より）。

2014.06.14 ————————————————————————————

明治・大正、屈指の地方紙「河北新報」を築き上げた
一力健治郎（宮城県）

東北新聞創刊：須田平左衛門　明治10.5.25　獄中ニ自刃38歳　愚鈍院。

東北新聞社長：松田常吉　明治36.7.1没　61歳　龍泉院。

東華新聞社長：小野平一郎　宮城県会議長　大正10.3.22没　真福寺。

仙台日々新聞社長：小原保固　昭和4.1.25没　70歳　満勝寺。

河北新報社長：**一力健治郎**　昭和4.11.5没　64歳　従五位　成覚寺。

（『仙台郷土誌』1933 仙台市教育会編）

宮城県士族・須田平左衛門・水科貞吉ら、養賢堂の内聖廟の傍らを借りて活版事業を創始し多少の変革を経て新聞紙を発行……東北の眼目、朝野新聞に次ぐの良新紙と

（『宮城之栞』1888 庄子正光）

1874明治7年、須田平左衛門『東北新聞』創刊。

当初、県の仕事を中心に印刷業をはじめたが、次第に「東北新聞」が

権力と対抗する姿勢となり、明治10年獄中にて自刃、謎の自殺を遂げた。藩閥政府への対抗意識が「東北」を選ばせたよう([新聞雑誌名「東北」にみる明治期の東北地域感]岩手大学教育学部研究年報57巻2号)。

　ちなみに、須田平左衛門が何で牢に入れられたのか判らないが、讒謗律(ざんぼうりつ)や新聞紙条例による言論取締りは地方紙も例外ではなかった。

　明治初期、社会は激しく変わりつつあり地方は孤立分散的だったから住民のニュースへの要求が生じてきた。まず、旧幕府時代からの政治経済の中心地に1871明治4年『京都新聞』、『**新潟新聞**』などが発刊、宮城県は1874明治7年『東北新聞』が創刊された。

　『**河北新報**』(仙台市三番町170番地)は、1897明治30年発刊。

　創刊者・**一力健治郎**(いちりきけんじろう)は、1942昭和17年まで長きにわたり個人経営で事業を継続、東北宮城・岩手・福島・青森・山形で有力な地方紙に仕上げた。

一力　健治郎

　1863文久3年9月25日、仙台の唐物商・鈴木作兵衛の四男として生まれる。

　のち、隣家の茶商・一力松治郎の養嗣子となる。

　唐物商:中国または諸外国からの洋品、雑貨などを扱う商売。

　1886明治19年4月、東華学校入学。

　東華学校:仙台区清水小路。明治19年創立。普通学科は修身・漢学・英語・ドイツ語・地理・歴史・数学・体操など。入学資格12歳以上。校長は**新島襄**。

　1888明治21年、第二高等中学校(のち第二高等学校)入学。

　在学中、くまじ夫人との間に一男一女をもうける。

　1887明治20年4月、第二高等学校:高等中学校設置区域第2区内(宮城・福島・岩手・青森・山形・秋田)の仙台に設置された。

　1890明治23年、退学。上京して国民英学会(東京神田錦町、主幹・磯

邊弥一郎）入学。

1891明治24年、仙台に帰り書籍店文学館を開業。

同年、仙台電気株式会社取締役に当選。

1892明治25年、仙台市会議員に当選。

1893明治26年2月、仙台電気株式会社取締役辞職。12月、宮城貯蓄植林会社取締役兼社長に就任。組織変更にあたり基礎を確立。

1894明治27年、宮城県議会議員に当選。4月、仙台米穀取引所理事に当選。

1895明治28年、仙台市議会議員に再選。

1897明治30年1月、藤沢幾之輔（改進党・宮城県議会議長）の勧めにより、廃刊寸前の改進党機関紙「東北日報」を譲り受け『河北新報』創刊。

明治維新の際に薩長から**「白河以北一山百文」**（白河の関、現・福島県白河市）より北は、山一つ百文の価値しかない）と蔑まれた東北の意地を見せるべく「河北」と改題。

東北地方の文化振興を旗印にその発展を図る。

のち、東北ではじめてマリノニ輪転機を導入、写真製整備の設置、活字鋳造の開始等すべて地方新聞のトップを切って最も早く行った。

1898明治31年、米穀取引所・植林会社・市会議員など辞す。

1906明治39年4月、日露戦役の功により金杯一個下賜される。

1923大正12年、夕刊を発行。続いて岩手・福島・磐城の三地方版を発行。

1925大正14年10月、特別大演習のさい仙台偕行社において文化事業功労者として単独拝謁。

1926大正15年8月、日本新聞協会名誉会員に推薦さる。

1929昭和4年4月5日、死去。67歳。

1930昭和5年、河北新報社は青森版を新設、北は津軽海峡より南は白河勿来の関に至る東北全土は、河北新報の範囲となった。

販売区域は北は北海道より南は栃木・茨城まで拡大、宮城県において

は山間僻地の戸外まで分布した。また、子息一力次郎が後を継ぎ、1942昭和17年会社経営になった。

　一力健治郎は、新聞の発行に当たり、「藩閥政治によって無視されてきた東北の産業・文化の開発に尽くすことだ」と不偏不党を宣言、自ら議員などいっさいの役職を辞して新聞に力を注いだ。経営戦術は独特であった。

　1899明治32年6月から、**地方紙初の英文欄を設け**、文芸、家庭欄を充実。

　1900明治33年1月9日、「社会は活動して一日も休止することなし」と年中無休刊を宣言、生涯実行した。

　先見性あるユニークな着想で、人気投票や福引、種々の催しものなどに力を入れて読者を獲得したほか、広告を重視、とくに中央の広告主を大事にした。

　社員に対してはワンマンだったが人情味に厚く「時間励行訓」を編集局員に配布し"新聞即時間"をモットーに、時計の購入に半額補助したり、出勤の遅い社員には迎えに行ったなど逸話に事欠かない。温情の人として慕われた。

　死の前年、叙位叙勲の話があったが、河北新報は社会公益の機関で産業文化に何か見るべきものがあったとすればそれは全東北人の覚醒と団結によるもので一個人の努力ではないと、辞退したという（日本新聞博物館「日本の新聞人」「続・日本の新聞人」

　一力健治郎は死後、生前辞退した従五位に叙せられた。

　国立公文書館「故一力健治郎位記追賜ノ件」には、内閣総理大臣浜口雄幸・宮城県知事湯沢三知男・内務大臣安達謙蔵の名があり、昭和初期の雰囲気が漂う。叙されたのは周囲からより時代の要請か。

〈余談〉河北新報、創業家の一人息子・一力遼氏。コロナウィルス禍のなか延期されていた碁聖戦五番勝負に勝って碁聖位を獲得（毎日新聞2020.8.19）。

時は回る（西南戦争・自由党・立憲政友会）、鵜飼節郎（岩手県）

　1877明治10年1月、鹿児島私学校生徒、政府移送の弾薬を奪取。
　西南戦争の発端、徴兵を忌避せぬよう人民に説諭する通達。
　　4月、【西南戦争の巡査隊応募に仙台・会津士族】
　……征西のため新たに巡査（新撰旅団）を募られしは多く奥州辺の旧藩
士族にて、中にももっとも多く召募になりしは仙台と会津なり……このた
びこそ国家のためかつは往時の恥を雪（すす）ぎ、また少しく鬱胸を晴らす
処もあれば……勇み励んで出立し、昼夜兼行して東京へ来たり、警視局
へ着するや否や、一刻も早く戦地へ出張を仰付られたしと（明治10.4.18東
京日日新聞）。
　　5月、召募巡査で新撰旅団を編成。
　　6月、立志社・片岡健吉、国会開設建白するも却下。

鵜飼　節郎（～1931昭和6年）
　1856安政3年5月、盛岡大沢川原に生まれる。父・鵜飼徳治は盛岡
藩士。
　1870明治3年、南部藩70万両の献金に窮し廃藩を願い出た結果、盛
岡藩となる。
　1871明治4年、藩学校・作人館で学ぶ。
　藩校の同い年に**原敬**、*鈴木舎定がいる。
　原は明治4年末に上京、鵜飼も盛岡を離れ、東京で法律経済など諸学
科を修めた。
　*鈴木舎定：盛岡藩士。中村敬宇の同人社で学ぶ。岩手県の**「求我社」**
で指導的役割を担い、機関紙***「盛岡新誌」**の主筆として自由民権運動
への参加を呼びかける。
　*「盛岡新誌」：編集発行の坂本安孝は、のち第九十銀行頭取、「岩手
日日新聞」（岩手日報）社主など歴任。

1877明治10年2月15日、鹿児島で不平士族による**西南戦争**が勃発。
　明治政府は東北の旧藩士族から臨時巡査を募集、それを征伐にあてようとした。
　鵜飼は新撰旅団第八大隊第三中隊小隊長として上京。
　ちなみに同大隊のほとんどが旧盛岡藩士で構成されており、総員1200名,その中には旧藩家老・北済揖、安宅正路らも名を連ねていた。しかし西郷軍の撤退とともに戦争も終息に向かい、鵜飼らは従軍せずに解隊（盛岡市HP）。
　――― 西南戦争起こるや君（鵜飼）、同士を糾合して率いて上京せり。警部補を命ぜられ小隊長心得を兼ね、新撰旅団の小隊引率の任に当たりすこぶる功あり（『岩手県国会議員候補者列伝、一名撰挙便覧』1890菅原藤四郎編）。
　最大の士族反乱、西南戦争は8ヶ月もの長きにわたり西郷隆盛自刃で終わる。
　その間、新聞は発行部数を伸ばし言論活動が活発になった。国会開設運動の全国組織として国会期成同盟が結成され、これを中心に**自由党**が生まれる。
　1878明治11年、鵜飼は盛岡に帰り鈴木舎定らと民権伸張をはかる。
　栃内鉱郎・横浜慶郎・**上田農夫**らと自由民権運動結社「求我社」、併せて「盛岡新誌」再興に尽力。
　1881明治14年10月、自由党結成。
　自由民権運動の中核的政党総理は**板垣退助**、常議員・**後藤象二郎、鵜飼節郎**は幹部となり**河野広中**らと提携。
　1882明治15年、自由党盛岡支部が設けられ鵜飼は委員として自由党の拡張を図る。
　鵜飼の演説ぶりは ――― 長江大河のごとき雄弁をもって演説壇上に立ち、眼光明々として侃諤（かんがく）の正義を主張し、常に生民を拯（すく）ふて平和幸福の域に躋（のぼ）らしめんと努るものは誰、人皆指を君に屈せざるはなしと。

1884明治17年、加波山事件、秩父事件。

10月、大阪で自由党大会開催、自由党解党。鵜飼も会合する。

帰郷後、盛岡に臥せること3年。

―――何トナク政海ヲ蝉脱（せんだつ俗世間を超越）シ、深ク自ラ韜晦……
然レドモ（明治20年）**条約改正**の議オコルヤ決然トシテ、非条約論ヲ唱
エ、熱心ニ反対党ヲ攻撃（『岩手県国会議員列伝：私撰投票』1889村上繁
次郎著）

*条約改正：幕府が締結した不平等条約を改正するための明治政府の外
交交渉。

以下、「原敬日記」より。

1901明治34年10月、原敬、盛岡に帰る。

晩に政友会の有志者の鵜飼節郎、宮杜孝一等数名に招かれて、晩餐
をともにし懇談した。来るべき選挙のため、**政友会**支部創立事務所に行
き、いろいろ話や指示をした。

1902明治35年6月10日、選挙運動、演説会盛会。

藤沢座という芝居小屋で、政談演説会を開く。宮杜考一、横浜幾慶
（慶郎?）、與野市次郎、関皆治、菅原博と私が演説した。午後1時の開
会なのに定刻前に満席になり総数1200名ほどで、その他は入場する事が
できなかった。

6月14日相手が弱気。政友会岩手支部で選挙委員等が、私（原）を盛
岡市から、佐藤昌蔵、**鵜飼節郎**、平田篤、阿部徳三郎、拾本與右衛門
を郡部から政友会議員候補者に推薦したので、鵜飼、佐藤及び私が会っ
て（他は欠席）、候補者会を開いて種々打合せした。

8月、第7回衆議院議員選挙、**立憲政友会**の原敬（盛岡）と**鵜飼節郎**（郡
部四）当選。

1903明治36年、第8回衆議院議員選挙、原敬・鵜飼ともに当選。

晩年の鵜飼は元老として、原敬亡き後の県政友会をまとめ、**田子一民**
（たごいちみん　昭和の内務官僚・衆議院議員）らの後ろ盾となった。

晩年の生活は清貧で、床の間には自筆の「清貧如洗」が掲げられてい

た。盛岡市長を務めた北田親氏も"常に何事に対しても物質に拘泥せぬ気象（ママ）であった"と記者に述べている（盛岡市HP）

二本松製糸場・金山（佐野）製糸場、佐野理八（滋賀県・福島県）

　2014年6月、「富岡製糸場と絹産業群遺産」世界文化遺産登録が決定。

　フランスの技術を活用した官営器械製糸場として設立された近代産業遺産である。

　開国間もない日本にとり、絹は重要な輸出品であった。養蚕は各地で行われていたから、洋式製糸機械を取り入れた製糸場が各地につくられる。

　器械製糸になり富岡に限らず工場では多くの工女が働いた。工女というと、山本茂実の「ああ野麦峠」、苛酷な労働を想像するが、富岡は模範工場として労働時間に配慮した。

　『大隈候昔日譚』（我国最初の製糸工場）

――明治三年から四年にかけて、養蚕製糸と云ふこと、ソロソロ始まり、初めて上州富岡に製糸工場を造ったが、是れが日本で抑々初めての機械とりで、それまでは全で座繰りであったんである。

　続いて九年に丁度、大久保（利通）が内務卿で、頻りに産業を奨励して遂に王子に羅紗の製造所を造り、次で絹糸屑糸の紡績を始めるべく、中山道新町に工場を造ったが、これが抑々日本での絹糸の始まりである（松枝保二編1922報知新聞社出版部）。

――本郡の如きも往年、繭をもって直に販売し且つ製糸の法も極めて幼稚にして、上州（群馬）座繰台足踏製糸器などを用ゆるに過ぎざりしが、当局者、製糸改良の急務なるを認め製糸場の設立を促したり。商業者亦世運に鑑み、金山には佐野製糸場、角田には広岡製糸場の如き有力なる

事業家をみるに至れり（『伊具郡史』渡部義顕著1916渡部義美）。

　伊具（いぐ）郡：宮城県南端、阿武隈川中流域と支流の内川・雉子尾川流域の郡。

　金山：伊具郡丸森町金山。　　角田（かくだ）：宮城県南部。

───佐野製糸所の所主は佐野理八という人物で、二本松で事業を行っていた。

　機械糸と座繰糸の図：『生糸貿易之変遷』（橋本十兵衛1902丸山社）に掲載。

佐野　理八

　1844弘化元年2月、江洲（滋賀県）で生まれる。

　十代で近江（滋賀県）の生糸商・殿村與左衛門の手代となる。

　1860万延元年、佐野は機敏で、すでに横浜の海岸に停泊中の外国軍艦に赴き各国の金銀貨を調査している。勝海舟が咸臨丸でアメリカに向かった年である。

　?年、小野組に傭われ、糸方・古河市兵衛（のち足尾銅山経営）の下で奥州地方の糸方となる。小野組福島支店で、宮城・坂田・山形・若松・米沢地方の業務を担当。

　やがて、安藤宇兵衛ら7名と蚕糸業を計画、＊速見堅曹を訪ねて指導を受ける。佐野は速見に土地選択を依頼、二本松城址30町歩をわずかな値で払下げを受ける。

　速見堅曹：洋式器械製糸所**「前橋藩営前橋製糸所」**を設立、製糸業の礎を築いた。

　1870明治3年4月、佐野は二本松城址周囲の大木を切り倒し**小野組生糸製造所**を建設。

　経営は農家より座繰糸を集め「折返造」という新製法に改めさせ、品質向上を図り販売したが、なかなか浸透せず、結果は惨憺たるものであった。

　1872明治5年、奥羽の小野組総支配人となる。佐野は、掛田村近傍

の**折返造**を良しとして、折返器を千余組つくって各郡に配布。

折返：糸筋細く品位はるかに良く、従来の製造法に勝った。

この生糸を「掛田折返」と名付け海外に輸出したところ好評を得、少女繰糸の図「五人娘」の商標で、横浜在留の外商と取引した。

1873明治6年7月、東京築地・小野組製糸場の工女を集めて**二本松製糸会社**を起こし、二本松製糸場長となった。奥羽七洲、器械製糸の始めである。

1874明治7年、福島県から若干金、岩倉右大臣からも国益増進、士族授産の途を開いたなどとして金50円を下賜された。ところが一喜一憂は世のならい。

11月、*小野組破産。

*小野組：明治初年の政商。近江から出て、京都に本拠をおき、のち両替商となる。当主小野善助は三井組・島田組とともに明治政府の為替方で三井小野組合銀行（のち第一国立銀行）を創設。

取扱官金の借入で東京築地他の製糸工場、鉱山経営など事業を拡大したが政府に官金を回収され島田組と共に破産。佐野はこれを好機と捉え、独力で**佐野組**を設けると二本松製糸場経営に乗り出した。

1876明治9年12月、米国ニューヨークに生糸を直輸出。初めて実地販売の利を得る。

1877明治10年7月、再試売、巨額の利益を得た。

1877明治10年8月、東京上野の第一回内国勧業博覧会をはじめ横浜生糸共進会、宮城県共進会、宮城県および群馬県連合共進会などに生糸を出品、受賞した。

ところが、製糸場使用の源泉である官林に杉・松苗の植林が行われ、製糸に欠かせない清水が濁り事業の継続が難しくなった。佐野は二本松製糸場を解散、山田修、安西清兵衛に譲渡した。双松館がそれである。二本松を去った佐野は、養蚕業がさかんで戸長の協力も得られた宮城県伊具郡金山村に製糸場を創立した。

1884明治17年、製糸所の工事を開始。敷地は3710坪、釜数96、運

転は水車を用いた蒸気機関、フランスで発明された最新の「ケンネル式」器械製糸機を設置した。

1885明治18年、製糸所・弘栄館開業。館主・佐野理八、所長・橋本平兵衛。

「製糸の声価すこぶる信用在り、利益を得るに至ると雖も創業なお日浅くして全く利益を見る能わざるものの如し」(『各地製糸場実況取調書』1889福島県伊達郡役所)。

1890明治23年、弘栄館を佐野製糸場(金山製糸場)と改める。製出糸は順良精好で、年間3000貫の生糸を生産、国内のみならず欧米にも知られた。また、200人余の工女を寄宿生活をさせた。工女は新潟・敦賀など遠隔地出身が多かった。

1902明治35年、勲六等瑞宝章

1915大正4年8月14日死去。72歳。

ちなみに、佐野没後の大正中期以降、世界的不況で県内の絹糸工場はいずれも著しい経営不振に陥る。佐野製糸場も休業や買収などを経て、昭和12年閉鎖。

製糸場跡に隣接する瑞雲寺の境内の隅に、女工の墓が立つ。

参考:『日本製糸業の大勢:成功経歴』岩崎租堂編1906博学館/『宮城県の歴史散歩』2007山川出版社/『蚕糸要論』芳賀宇之吉1890只野龍治郎/『日本工業史』横井時冬1898吉川半七

2014.07.05 ───────────────────────────

硬骨朴直の代議士、安部井磐根の半生 (福島県)

平成26年「白票を水増し、市選管職員ら3人逮捕」のニュースに耳を疑った。

それでなくても憲法解釈により、「孫たちが軍服を着させられる日が来るんじゃないか」不安が募る現今。そこへきて「投票結果を操作」だな

んて！

　世事に疎いおばさんでも日本の先行きが心配。ところで、白票問題とは異なるが1票差で候補者が泣き笑いという総選挙が昔もあった。

　1917大正6年、会津若松市（福島4区）で、実業家の新人*白井新太郎311票、柴四朗（東海散士）310票、わずか1票差であった。

　この結果に対し、河野広中は、

───柴四朗の敗因は問題ですね。僅々一票の差なんですが、その一票が＜柴四朗殿閣下＞と記され無効というんです。そんな馬鹿なことがあるものですか。明瞭に柴四朗と記され、殿閣下の敬称を附したのだから、これは当然有効ですよ。訴訟ものです。

　柴四朗は「殿・閣下」を書き無効になった2票の訴訟をおこし、3ヶ月後に勝訴、逆転当選となった（『明治の兄弟　柴太一郎、東海散士柴四朗、柴五郎』）。

　*白井新太郎：明治・大正期の志士、実業家。東邦協会を設立。

　河野広中は三春藩出身で選挙区は福島県3区。第一回衆議院議員選挙から14回連続当選、東北民権運動の指導者である。

　第2区は二本松藩出身の安部井磐根（あべいいわね）。「名物議員の三人づくし」（日本新聞）の一人である。

　三老：安部井盤根・鈴木重遠・津田真道。

　三謀：犬養毅・佐々友房・柴四朗。

　三奇：三罵＝田中正造ほか。

安部井　磐根

　1832天保3年、生まれる。父・安部井又之丞は、二本松藩士。

　1868明治元年5月、戊辰戦争。

　二本松藩が奥羽越列藩同盟に加わったとき、奥羽諸藩の集議所詰となり仙台に赴き次いで白石に移った。しかし磐根は藩論に反対、また官軍に通じているとの嫌疑がかかり仙台で入牢。そのときの一首

　　　　吾を人何かいふらむ言の葉の　露よしばしは玉とみゆとも

二本松落城の日、磐根の父は城内で自刃。仙台の牢にいた磐根は嫌疑が晴れて二本松に戻った。大㻞寺に謹慎中の藩主・丹羽氏の家族を見舞い、藩主の旧領回復に奔走した。

　1869明治2年4月、10万石の丹羽家、二本松5万石に減封される。

　磐根は市政を委され、市民に御奉行様と呼ばれた。次いで若松県に奉職。

　1870明治3年秋、弾正台(行政警察機関)に採用される。

　1871明治4年7月、廃藩置県。磐根、若松県出仕。翌年、病気療養のため辞職。

　1874明治7年1月、家録および士籍を奉還。二本松に帰郷。

　1875明治8年10月、板垣退助らの自由民権運動が盛んになり、磐根も「明八会」を二本松町に組織、政治・時事を論じた。

　1877明治10年、西南戦争。親族の陸軍少尉・安部井香木が豊後にて戦没。

　1878明治11年、福島県会議員、ついで議長に推される。県令は*三島通庸。

　三島通庸:薩摩藩士。内務官僚。建築・道路工事を推進。福島事件・加波山事件で自由党員弾圧。のち保安条例執行。

　1879明治12年、安達郡郡長に任命される。

　1882明治15年、三島県令の施政に不満をもち辞任。

　1886明治19年、有志者の薦めもあって県会議員に出馬、当選。議長、常置委員。

　1888明治21年、知事副警視総監。

　1889明治22年2月、福島県会議長として憲法発布の式典に参列。

　1890明治23年、**第一回衆議院議員選挙**に当選、大成会に属す。

　大成会は漸進主義、政府支持を標榜し第一議会に臨んだが閉会後、翌年解散。

　東北地方選出の安部井磐根・藤沢幾之輔・斎藤善右衛門らは、第4回通常議会に臨むにあたり神鞭知常らと共に、「有楽組」を組織、**民党**

として行動。

　民党：吏党に対する名称で、初期議会において藩閥政府に対抗した諸政党の総称。

　1893明治26年11月25日、第5議会。

　条約励行建議案・千島艦事件上奏案を提出して政府を追及。

　一時世論の中心となるも、治安妨害の理由で解散させられ、政府は12月30日衆議院を解散。安部井磐根・神鞭知常らは「政務調査会」を組織、他の一部は同盟倶楽部に加盟。

　11月29日、演説 **「星は議長か番頭か」**

──本員が提出しまする緊急動議の案を一応朗読致します（中略）　抑も衆議院議長星亨君の行為は幸いに法律の問の所とならざるも、社会の制試は之を許さぬ、天下囂々之を口にし、之を筆にして止まざることは、諸君も既にご承知の通りであります……大阪米商会所頭取・玉手弘道、同じく株式取引所頭・磯野小右衛門等が、星亨君を顧問に招聘したるは、衆議院議長なるが故なり……けれども疑は疑に存して暫くは問はざるに措きまして、かの朝野政商と待合茶屋に密会したるが如きは、我が衆議院の体面と栄誉を汚損したものである……今や官紀振粛の問題は……毫も黙止することは出来ませぬで、この議を発する所以でござります（『帝国議会雄弁史』弘田勝太郎編1925事業之日本社）。

──吾人は知る。衆議院議長たる星亨という剛の者を議会外に放逐せんとして、先ず不信認の決議案を出だし君の意気、遂に満場一致を以て概案を決議したる事実に照らしても彼の人となりを知る……その赤貧洗うが如しに於いても君の性行を証明することができる（『人物と長所』岩崎徂堂1901大学館）。

　（第2次伊藤内閣）、星亨の除名後、磐根は副議長に選出される。

　日清戦争直前、大井憲太郎、安部井磐根らは対外硬派の **「大日本協会」** を創立。内閣の外交政策を軟弱として、条約改正問題を中心に内地雑居・現行条約励行論を主張。

　ちなみに、磐根の東京の住まいは、東京市神田区小柳町19・稲本ワ

力方。

　1894明治27年〜28年、**日清戦争**。

　1896明治29年3月（第二次松方内閣）、進歩党結成。

　第5議会における非自由派の六派連合＝立憲改進党・国民協会・東洋
自由党・同盟倶楽部（**柴四朗**ら）・政務調査会（安部井磐根ら）・同志倶楽
部（菊池九郎ら）、党首大隈重信。翌年、藩閥との対立が深まり提携を解
消。

　1906大正5年、85歳で没。

『盤根遺詠』『小峰城懐古詩歌集』（会津若松図書館蔵）。

　参考：『日本帝国国会議員正伝』木戸照陽1890田中宋栄堂）/『衆議
院議員候補者列伝：一名・帝国名士叢伝』大久保利夫1890六法館/『日
本政党変遷史』青野権右衛門編1935安久社

2014.07.14 ─────────────────────────────────

明治最初の女流作家、三宅花圃（田辺竜子）

　───いつか或る雑誌に、私と樋口一葉女史とが仲が悪いように書いて
あった。それは、大変事実に相違しているが、元はと云ふと、私の実家
が貧乏だった事から起きた話である……ある日、一葉女史（夏子）が、中
島先生のお弟子に分けてあげる筆の代が、毎月二円くらい不足するので、
先生が私を疑つて困ると云うて、泣き込んできたことがあつた。

　ところが、こちらは、今にも執達吏が来るだらうといふ、そんなとり込
んだ時なので、せっかく夏ちやんが来たけれど、案内することが出来ず、
私が玄関に立ちふさがって、上って泣きくどかうと思つて来た夏ちやんを、
押しとめた。

「そんな事、なんでもないではないの。あなたにさえやましい事がなけれ
ば、すまして居ればいいではないの。疑はれるなど思ふのは間違ひよ」

　といふと、夏ちやんは

「だつて、私が貧乏だから疑われるの。また、疑はれても無理がないと思ふの」（『貧乏を征服した人々』帆刈芳之助著1939泰文館）

　引用文の「私」は、三宅雪嶺夫人、女流作家として明治時代その名を馳せた三宅花圃（みやけかほ）。父は幕臣で外交官の田辺太一（連舟）である。

　太一は、徳川昭武遣欧使節の随員としてパリ万博に出席。維新後は岩倉遣外使節団書記官長、元老院議官などを歴任している。その田辺家が貧乏とは意外だが、花圃と一葉の貧乏はまるで違う。

　花圃の貧乏はのち思い出話にかわるが、一葉の貧乏は名作を生み、命を縮めた。一葉は萩の舎の助教をしていたから、借金の話はその頃の事だろう。

三宅　花圃

　1868明治元年、東京本所の田辺太一の長女に生まれる。本名・田辺たつ子。

　兄二人。子どもの頃から、近所にあった*中島歌子の「萩の舎」塾に通い和歌を学び、妹弟子の樋口一葉とともに萩の舎の才媛と称された。

　中島歌子：歌人。夫が天狗党に加わり戦死した際、歌子も投獄された。その際、歌道を修め、歌塾「萩の舎」を開き多数の婦人を指導。日本女子大学校でも和歌を講じた。

　1876明治9年、*跡見花蹊の塾に通学。

　テニスなどの運動の代わりに身体を動かすため、50畳敷きの部屋でオルガンの代わりに三味線で音頭をした。花圃は、兄たちと木登りなどして遊び活発だったが、本を読むのが好き。また、落語三題噺を作って自ら楽しんだりもした。

　父が派手に遊び、家に芸妓が出入りするような家だったが、母は表に出ず、家を守った。花圃は男のように育てられ、大人になっても男子の前で恥ずかしがったりしなかった。

　跡見花蹊の塾に数年、その後は家で和漢の学を修めた。絵を奇行に富

んだ酒豪の浮世絵師・**河鍋暁斎**に習った。琴は山勢松韻、三味線は杵谷お六を家に呼んで稽古した。

　跡見花蹊：慶応２年、京都に私塾を開設。のち、東京神田（のち小石川へ移転）に跡見女学校を創設。伝統的な女子教養教育と寄宿舎訓育に一生を捧げた。

　河鍋暁斎（きょうさい）：独創性に富んだ画風で、風刺画に長ず。「暁斎漫画」ほか。

　1881明治14年、13歳。庭前の梅を見、清国臨時代理公使で赴任中の父に一首。

　　　　とつ国の春日やいかに長からん　見せまくほしき庭の梅が枝

　1885明治18年、神田一橋の東京高等女学校（お茶の水）入学。

　理科、数学を習うため下級クラスに入ったが、英語は上級に入れられ、**神田乃武**（かんだないぶ・英学者）の教を受けたが、実力がなく苦労した。

　1888明治21年６月、在学中、『藪の鶯』を発表。

　序をつけたのは父・太一の元に出入りしていた＊**福地源一郎**（桜痴）。

———『藪の鶯』は中編小説で花圃の出世作。坪内逍遙（春の屋主人）の『当世書生気質』に刺激されて書いた。当時、家産が傾いていたのを助けようとしたのも執筆動機の一つ。物語は、西洋かぶれ子爵篠原の女浜子の堕落と、浜子の許婚・勤の妻となる松島秀子とを対照して、伝統的な婦徳尊重の立場から欧化思想を批判し、勤がワシントンよりフランクリンを敬慕し、秀子の弟が土木業で名士となるあたりに、啓蒙思想が反映している（『現代日本文学事典：関良一』1965明治書院）。

　＊福地源一郎：号・桜痴。『東京日日新聞』主筆、政府系支持の論陣を張る。

———『藪の鶯』作りました当時、私の家は、昨日の繁栄は夢のような不如意になりまして、（イギリスで病没した）兄の法会さへも思ふにまかせませんで居りました時、私は病中に筆をとりましたのです。漸うようそれで事足りたのでございます（『名媛の学生時代』1907読売新聞社）。

　この頃、西洋流行のときで舞踏が流行し、女学校は文部省直轄であっ

たので、毎週舞踏会があり、貴族や軍人も出席した。

　1889明治22年、皇后陛下の行啓があり、『藪の鶯』を書いた生徒として目通りした。

───私の一生の有難い思い出で、その時は嬉し涙に咽びました（同上）。

　3月、東京高等女学校卒業。卒業後、明治女学校で英語を学ぶ。

　8月、「東京開市三百年祭」（委員長・榎本武揚）があったとき、横山孫一郎などに頼まれて［八朔祭］の歌を作って清元にし、それを吉原芸者が歌って踊り喝采を拍した。また横笛の曲を作り長唄にした（『明治閨秀美譚：小説家当選者田辺竜子』1892東京堂／『名媛と筆蹟』中村秋人1909博文館）

　1890明治23年、「芦の一ふし」「八重桜」「教草おだまき物語」などを『女学雑誌』『都の花』『読売新聞』などに発表

　1892明治25年、短編小説集『みだれ咲』刊行。

三宅雪嶺と結婚。媒酌は**巌本善治・*若松賤子**夫妻。のち5人の子をもうける。

　巌本善治：『女学新誌』創刊。明治女学校創立。女子教育の振興を主張。

　三宅雪嶺：本名・雄二郎。ジャーナリスト・評論家。政府の専制的傾向と欧化主義に批判的立場、政教社を創立。『日本人』創刊、国粋主義を主張。

　"明治の小説家・翻訳家、若松賤子（福島県）" P141参照

　1893明治26年、『文学界』創刊に関与し萩の舎の後輩・樋口一葉を寄稿家として推薦。

　花圃は一葉の創作意欲を刺激し文壇に紹介したが、晩年の回想録には、一葉に対する辛辣な批判が見える。

　1894明治27年、家門をひらいて和歌を教授したが、内助の功的なものであった。

　1895明治28年12月、博文館『文芸倶楽部・臨時増刊号：閨秀小説』の内容。

───はしがき／中島歌子、萩桔梗／花圃女史、わすれがたみ／若松賤

子、十三夜／樋口一葉、暮ゆく秋／大塚奈緒女ほか掲載。

　閨秀（女流）という存在が市場化され、特集号は発行後、はやくも3万を売り尽くした。花圃はこの風潮に動かされ『露のよすが』など短編を発表するも、作家活動は30年代で終わる。数年後、土曜日毎に親しい知己を集めて歌を詠んだりするのが楽しい様子。

　次の引用文は、花圃「谷中村の野花」から。

　足尾鉱毒事件から18年後、谷中村を訪れ、被害地に群れ咲く野の花を見、文と歌を『花の趣味』に収めた。

———谷中村は多年の迫害に種々の辛苦もかひなくて、今や全滅せんとすと聞きて、なんとなくただにはえあらで、にはかに思ひ立ちてゆく、古河に下り立つ停車場に白衣の三人いかめしきは何ぞとみれば、巡査の下り立つ

　……車に乗りてゆく、思ひ川、渡良瀬川の、合して利根にそそぐ、三国橋のあたり、照りこむ日かげにサアベルのキラメク、いともものものし……かの破壊さるる家のあれば、ただ憐れとのみ見べきものか……かの田中翁の絶叫して、非道を訴え非義をせめらるるに心幾分を安うして静粛として佇む無智の村民

　……誠にこの谷中村も荒るるにまかししを幸として、雑草の花のさかりなるいと美（うるわ）し、烏の豌豆とや、半夏生とや、茅がやの中に白くうちそよぐに

　　人しらぬくさ間の花もおののかし　おのか色香のさかりみせたり

　花はどこに咲いても美しいが、眺める者の心裏はどうなんだろう。被害地に咲く花、谷中村の被害民も、花圃と同じく、草花の美しさをそのまま受けとるだろうか。ふと、東日本大震災、原発事故の地に生える雑草を写した映像が浮かんだ。

　1914大正3年、仏教運動家・高島米峰著『店頭禅』（日月社）に序を寄す。

　随筆集『その日その日』からは、晩年の花圃の交際、生活が垣間見える。

162

文筆生活は20年に及んだが、文学上の発展は見られず、しかし近代文学史上最初の女流作家として後進に刺激を与え、今に名が残る。

1943昭和18年、没。75歳。

2014.07.19 ────────────────────

五稜郭で戦う赤衣の額兵隊隊長、星恂太郎（宮城県）

仙台藩士・星　恂太郎

1840天保11年、東照宮宮仕・星道栄の子に生まれる。

名は忠狂。字は士狷。号は無外。

1864元治元年、江戸に奔り、幕臣の西洋砲術家に学んだ。そして、各藩の兵備を見たく、同じ仙台藩士・*富田鉄之助に相談して費用を得ると、四方へ出張した。

"剛毅清廉の実業家、富田鉄之助（宮城県）"

次いで横浜に赴き兵学・砲術を学んだ。

傍ら、各藩に鉄砲などを売りこんでいたアメリカ商人・ヴァンリードの店で働いた。

幕末。はじめ攘夷論をとなえ、開国論者の大槻盤渓（洋学者・砲術家）を国賊とみなし刺そうとした。しかし、会って、その説くところを理解すると、たちまち開国論に傾いた。星恂太郎、よく呑み、酔えば音吐朗々詩を吟じ、人は耳を傾けた。しかし性格は激しく狂暴という者さえあった。

高橋是清（のち首相・政友会総裁）の星恂太郎談

ところで、このヴァンリードが、星恂太郎の紹介で仙台藩からアメリカ留学に派遣される高橋是清らの面倒を見ることになった。

ところが、ヴァンリードは信用を裏切り、藩から渡された学費や滞在費用を着服してしまった。そのため、高橋是清はアメリカに渡ってから奴隷に売られたり、苦労するハメに陥った（『是清翁遺訓』1936）。

1868明治元年、恂太郎は藩に帰ると、若者千余人を集め、赤装束を着せ、**額兵隊**と名付けこれを訓練した。いよいよ戊辰戦争となり東北に官軍が進出してくる。

　仙台藩は戦いの準備、**額兵隊**も出征すべく武器を整えた折しも、奥羽列藩同盟が瓦解。藩論は一変、官軍に謝罪謹慎、恭順となった。

　出兵を止められた恂太郎は憤慨、藩に背いて額兵隊250名を率いて脱藩。

　艦船を率い松島湾に停泊していた**榎本武揚**の元に奔り、共に北海道を目指した。

　北海道では額兵隊長として各所で奮戦、**箱館五稜郭**では**土方歳三**に属して戦った。

　木古内口の戦闘で、もっともよく戦ったのは額兵隊である。

　恂太郎は砲台で指揮していたが、砲車が粉砕されると自ら銃をとって発射。しかし弾丸が尽きて退却。

　建設時には海岸から遠く離れ、砲爆には絶対安全な場所と築かれた五稜郭ではあったが、兵器の発達はめざましく、兵士は不安から脱走するものが相次いだ。

　官軍はしきりに降伏をすすめ、酒五樽を寄越した。これに榎本は「糧食弾薬の類はあえて望まぬ、ただ賜る処の酒は喜んで酌まん」。ところが、毒を疑って官軍の酒を飲もうとする者がない。恂太郎は笑いながら、「窮余の我に対していかでか毒を盛らん、安んじて酒を酌むべし」と、樽の鏡を割り椀に酒を汲んだ。

　これを見た諸将は争って飲んだ（『近世名将言行録』1935吉川弘文館）。

　1869明治2年5月、五稜郭ついに陥落。

　ちなみに、榎本に降伏をすすめたのは官軍の海軍参謀、恂太郎の旧知・黒田清隆である。降伏した榎本らは東京に護送され、星は弘前藩に幽閉された。

　1870明治3年、許された恂太郎は北海道に移住。

林董（のち外相）の星恂太郎記

　仙台藩に赤衣を着たる歩兵ありて**額兵隊**と称し、その隊長を**星恂太郎**と云ふ。

　仙台藩すでに降服の後、隊を率いて脱走の船に赴かんとしたるも老母ありて、その看護を託する者なきに困却したるが、某の女この事を聞き、自ら進んで星に嫁し老母の扶助を引き受けたるにより、星はその志を告げ遂ぐることを得たり。

　後に脱走の徒恩赦ありたる後、子を挙げたりと聞く。恂太郎死後、頗る窮境に陥りたるを榎本等久しく扶助しおりたる（『後は昔の記』林董1910）。

　1871明治4年、政府は札幌に開拓使庁をおく。

　恂太郎は製塩業が有利だとして開拓使に建白、**開拓使出仕**（開拓使権大主典）となった。そして、北海道南西部の後志（しりべし）国岩内郡堀株製塩場詰を命ぜられる。

　1872明治5年、千葉県行徳の民を雇い、堀株村にて塩を煮、製塩をはじめた。しかし、製塩業の利益がなく開拓使は廃止を決定、恂太郎も免官となった。

　そこで、恂太郎は自ら事業を立ち上げようとしたが、病にかかり仙台へ帰った（『北海道史人名字彙』1979）。

　1876明治9年7月27日、病は癒えず37歳の若さで没す。

　墓は仙台市北六番丁萬日堂に。

2014.07.26 ————————————————————————————

愛の林檎・蕃茄（あかなす/トマト）

　———— 蕃茄（あかなす）は外名をトマトといい西洋の野菜でありまして其身はいろいろな調理に用いられます。果の皮面に光沢があって熟する時は真紅となり、外観甚だ美麗で夏分暑い時などに是を見ますれば、涼しさを覚へしめ大いに心身を慰め鑑賞兼実理のある野菜であります。

この赤茄子は本邦に去来して未だ日が浅いからであろうが、西洋臭い匂ひがありますから一般に栽培せられず、食馴れぬからその甘美な眞味が判らぬのであります。

　然し3、4回も食べますれば追々風味を覚え、食べれば食べるほど味がよくなり、西瓜（すいか）や甜瓜（まくわ）を食べるようにうまくなります（『各種野菜調理法』大正6年日本種苗株）。

　今夏は猛暑にくわえて激しい雨に祟られキツイ。それに負けない体力作り、食欲を落とさないようにしないといけない。夏は凝った料理より冷や奴、冷えたトマトの丸かじりなど素材そのままの方が食べやすい。

　トマトは調理してもよく、およそ百年前の『各種野菜調理法』にも蕃茄の項があり、様々な調理法が載っている。ジャム・ソースはいいが、トマトの酢煮・塩漬・味噌漬・酒粕漬は、試してみようと思わない。

　夏野菜の胡瓜（きゅうり）、朝漬・塩漬・青漬・乾物漬、糸瓜（へちま）の・塩漬・粕漬などなど、冷蔵庫の普及が未だの昔は、「漬けて保存」だったよう。ほかに、糸瓜の田楽も載っているけど、おいしいのかな。

　写真（割愛）のトマトは、ポンデローザーという品種で他にアリム・クリムソンカッシオン・テーブルクウヰンが有名と『実験栽培蔬菜園芸』（大正14蒿山房）にある。

　ところが、『福島県農友叢書（園芸編）』（昭和17福島県農事講習同窓会）掲載の9品種をみると、前出の品種は一つもない。トマトの品種は多く、栽培品種は時代とともに変化してるのが分かる。

　さて、トマトの初めは

─── 南米ペルーの原産で今より300年前栽培され、欧州は100年前、我が国は*紀元2369年宝永頃（1704〜）出版の『大和本草』に「あかなす」唐柿、さんごじゆなす、等の名を以て蕃茄（ばんか）を説明あれど不明瞭。

　広く世に知れ又栽培せられる様になったのは明治年代、殊に近年（大正）のこと（『重要薬草栽培と其販売方法』1918殖産協会出版部）。

　紀元：一国の経過した年を計算する際の起点となる年。

日本紀元は「日本書紀」の神武天皇即位のB.C.660年にあたる辛酉の年を紀元とするが、これは聖徳太子が601（推古9）から1260年さかのぼらせて定めたものといわれ、科学的根拠はまったくなく、江戸時代すでに本居宣長らが疑問を出している。

　1872明治5年、太政官布告でそれを日本紀元と定め、以来第二次大戦終結まで公式に用いられた（『日本史辞典』角川書店）。

　───日本に渡来したのは明治の初年である。在留の欧米人が故国からその苗を輸入し栽培、それと同時に一般的に輸入されるようになつた。しかし当時は見なれないもので、誰も進んで食べようとはしなかつた。

　その後、信州の軽井沢で、避暑に来る外国人に目をつけ、利に敏い人が栽培に手をつけはじめた。漸く食前に上るようになつたのは明治27、8年頃から……一度味を占めるととても忘れることが出来ない。殊にこの美しい色彩の魅力、それは「愛の林檎」といふ異名までつけられるようになつた。<文学上のトマト>（『蔬果と芸術』金井紫雲1933芸艸堂）

　赤茄子の腐れてゐたるところより幾程もなき歩みたり　　斎藤茂吉
　板敷きにトマトころがれり白玉のきゃべちの露にトマトぬれつつ

*吉植庄亮

　蕃茄の色づくまでの淫雨かな　　鬼憐
　農園に入ればトマトの赤き哉　　崇山
　吉植庄亮（よしうえ　しょうりょう）：大正・昭和期の歌人。政治家。衆議院議員。敗戦後、公職追放となった。

2014.08.02 ─────────────────────────────

チョウノスケソウ、幕末の植物採集・須川長之助（岩手県）

　東日本大震災から4年目。何も出来ないまでも、せめて、被災地の苦労を察する気持ちだけは持ち続けたい。しかし、つい忘れがちだ。それを思い出させ、どうかするとこちらが励まされるのが【希望新聞】（毎日新聞

掲載）である。

　先日の希望新聞"記者通信"は「8月3日・**釜石はまゆりトライアスロン大会**」復興ままならぬ中、自らも被災した大会事務局長らが困難を乗りこえ、前へ進む様を伝える。

　トライアスロンする人を知っている。大学通信教育スクーリングで知り合った働きながら学ぶ若者、体育の授業・卓球で一緒になった。

　自分は卓球経験があり、ちょっと手助けしたが、英語のスクーリングでは彼に大いに助けられた。彼は職場も大学もトライアスロンも、どれも頑張ってて感心した。

　スクーリングで若い男女10人と知り合ったが、4年で卒業したのはトライアスロンの彼と私だけだった。彼は卒業後、勤務先に大卒として雇い直ししてもらったそう。

　今でもふと20数年前、彼と乗り合わせた総武線の車内を思い出す。

　授業が終わった夜、JRの飯田橋駅から総武線に乗ると、車内は東京ドームの巨人戦帰りの乗客でいっぱい。混んだ車内で人に揉まれながら、傍目には母子だろうが学友の彼と、テストやレポートについて話をしたものだ。

　あれから20数年、若かった学友もはや中年。まだ鉄人レースに参加してるかな。もし続けていれば、「釜石はまゆりトライアスロン」にエントリーしたかもしれない。

　さて、太平洋側の釜石市と離れた内陸岩手県中央部、北上川の中流域、盛岡市と花巻市の間にある紫波郡の『紫波郡誌』（1926岩手県教育会紫波郡部会編）をみつけた。

　国会図書館デジタルコレクションで『紫波郡誌』をみると、地名は古くから史書に表れ、シバ・シワと呼ばれるがシハと音読するのが正しいそう。

　1871明治3年8月、盛岡八戸2県に分属、同11月盛岡県に専属、明治5年岩手県治。

　『紫波郡誌』の「人物誌」。ロシアの学者の植物採集を手伝い、その名が付いた植物もあるという**須川長之助**に興味をもった。

幕末日本の植物採集といえば、シーボルトが有名であるが、長之助が採集助手をしたマキシモウイッテCarl Johann Maxmowicz（マクシモビッチ1827～1891）は、シーボルトに劣らぬ学者といわれる。

須川　長之助

　1842天保13年2月6日、紫波郡下松本村21番屋敷（現・岩手県紫波郡紫波町下松本字元地）農業・須川与四郎の長男に生まれる。

　長之助の家は父の与四郎がわずかな田畑を耕作する貧しい農家で、手習いの機会が無く独学で読み書きを覚える。

　1858安政5年、12歳で奉公に出ていたが、年季が明け実家に戻る。

　1860万延元年、18歳。下北を経て箱館に渡った。

　最初は大工の見習いとして住み込み、後に八幡宮の別当（馬丁）、さらにアメリカ商人ポーターの馬丁として住み込む。ある日、仲間の善助がお金のことで不正をはたらき、長之助もその巻き添えで辞めざるを得なくなった。

　そんな時、たまたま入ったロシア正教会（函館ハリストス正教会）神父に、来日したばかりのロシアの植物学者**マクシモビッチ**を紹介され、風呂番兼召使として雇われた。

　マクシモビッチ：「黒竜江地方植物誌」という論文で、科学・技術・芸術の優れた業績に対して授与されるたデミードフ賞を受賞、新進気鋭の植物学者である。

　須川は箱館ロシア領事館寄寓のマクシモビッチのもとで誠実に働き、植物にも興味を持ったから気に入られ、チョウノスキーと呼ばれ弟のように可愛がられた。

　当時、外国人は開港場から10里以遠の地域に旅行することを禁止されていたが、日本人に採取させることは自由で、マクシモビッチは長之助に頼った。マクシモビッチは長之助をつれ臥牛山（函館山）に出かけては、採取の要領を教え観察力を養う指導をした。

　1861文久元年、マクシモビッチと須川はセントルイス号に便乗、横浜

へ向かった。1862文久2年、長崎に上陸。二人はここを根拠地として九州各地で植物採取を行い、多数の標本を携えて横浜に戻った。

1864元治元年、マクシモビッチは来日3年目、帰国の途についた。

この秋、長之助も4年半ぶりに帰郷。

マクシモビッチは帰国後もずっと東アジアの植物を研究し続け、長之助に採集を依頼、長之助は採ったものを押し葉にする作業を続けた。全国各地で採集された標本は、東京神田駿河台ニコライ堂のアナトリイ神父を通し、マクシモビッチに送り届けられた。

植物採集を始めた当時はまだ鎖国攘夷論が盛んで、外国人は危険な目にあうから植物採集など思いもよらず、長之助の協力無しには採集が進まなかった。

長之助はマクシモビッチのために挟み板、挟み紙を携えた異装で単身全国を踏破。その足跡を残した山岳は、北は北海道から岩手山・早池峰山・信州駒ヶ岳・三吉山・乗鞍山・伯州の大山・九州の霧島・阿蘇山から南は桜島まで及んだ。

マクシモビッチは高名な学者で往来手形など便宜が図られていたようだが、交通がまだ発達してなく、しかも外人の従僕として長之助はロシアの間諜に間違われたり苦労する。

信州木曾の御料林の檜の皮を剥いて役人に3週間抑留され、御山奉行の力でやっと放免され、肥前の大村から長崎に越える時は雲助数人に追いかけられた。しかし須川はやり遂げる。

1877明治10年、長之助はかつて紫波郡日詰町の郡山駅にあった郡山教会で、アナトリイ神父から洗礼、ダニエルの聖名をうけ、日本ハリストス正教会信者となる。

1889明治22年、長之助は越中の立山に登った時、濃霧に襲われ暴雨風となって道を失い、山頂の社屋でなんとか寒さをしのぎ辛うじて凍死を免れる。

1890明治23年、南部地方を中心に鳥海山に向かったが、降雪に阻まれ本荘、角館を経て帰宅。

1891明治24年、マクシモビッチ永眠。

　マクシモビッチと須川長之助、二人の関係は、単なる雇用関係でなく、厚い信頼と友情で結ばれていた。マクシモビッチも長之助の苦労に報いるかたちで、多くの日本産植物の学名にTschonoskiの種小名を残している。

　これ以降、長之助は植物標本の採集旅行に出掛ける事はなくなり、農業に専念する。

　1925大正14年2月24日、長之助は風邪から肺炎になり昏睡状態に陥り、眠るように死去。享年、84歳。

　死後、日露文化交流に貢献した功績を顕彰する「須川長之助翁寿碑」が志和稲荷神社境内に建立された。のち 紫波町名誉町民。

　長之助の採集標本が岩手大学にあり、そのいきさつが論文「須川長之助翁と岩手大学」にあった。マクシモビッチと須川長之助の写真が掲載されている。興味のある方はネット<「須川長之助翁と岩手大学」岩手大学ミュージアム・須田裕>でどうぞ。

　参考:「箱館中央図書」「はこだて人物誌」

2014.08.09 ────────────────────────────────
障害者スポーツ＆金メダリスト成田真由美 (神奈川県)

　2014.8.1〜8.3「毎日新聞主催・高野山夏期大学」に参加した。

　新幹線で東京駅出発、新大阪から電車を乗り継いで高野山に到着。宿坊に二晩泊まって朝から晩まで、多様な講演を聴いて得るところがあった。

　夏期大学の始まりは1921大正10年、今年が90回目という。資料によると、講演者は与謝野晶子・鉄幹夫妻、倉田百三、和辻哲郎、直木三十五、吉川英治などで、夢中で読んだ作家や、政治家・学者・実業家・スポーツマン・高野のお坊様などそうそうたる顔ぶれである。リピーターが多いのも頷ける。

宿坊は5人の相部屋だったが、初対面の関西出身4人とすぐ馴染んだ。

リュックから飴をだして勧めたら、大阪の同世代に「アメちゃんをありがとう。あなたも大阪のおばちゃんになれる」と太鼓判を押された。

彼女は水泳が趣味、自分は卓球をするし、「幾つになっても運動は良い。若くいられる」と話に花が咲いた。一期一会、これも高野山夏期大学の良さかも。

第1日目、2人目の講師、パラリンピック水泳メダリスト・成田真由美さんが車いすで登場。ラメを施し華やかに装飾した車椅子でスイスイ、颯爽と壇上に現れた。

演題は、「自分の可能性を求めて」。ハキハキと明るい声で元気いっぱい、楽しそうにお話する成田さん。

聴いてるだけで元気をもらえたが、話の内容は甘くありません。

車いす故の理不尽な目に遭った話の数々、水泳コーチに巡り逢うまで何度も断られたスイミングプールの門前払いをはじめ、あんまりだという目に何度もあっています。嫌な思いは数知れず。

でも、成田さんはユーモアを交えて話されるので会場が笑い声に包まれました。辛かった事、あんまりな事を詰問調で訴えるのでなく、笑いを交えて話されました。かえって身につまされ、若いのになんとできた人かと感心しました。それだけ苦労が多く困難に鍛えられてということですよね。

今、成田さんは東京オリンピック・パラリンピック競技大会組織委員会理事をつとめていますが、そのとき着る上着のサイズは19号とか。Mが9号だから19号はいかにも大きい。それほど肩回りに筋肉がついたのは、厳しい練習、激しい鍛錬をしている証拠。金メダルを獲るのはなまなかの事ではない。改めて感じ入りました。

講演の終わりに成田さんのアテネの金メダルが会場を一巡、私も触らせてもらいました。メダル裏の点字が印象的でした。

＊＊＊　＊＊＊

高野山から帰って、パラリンピックを『大辞林』で引いてみました。

パラリンピック ——Paralympic〔paraplegiaとOlympicの合成

語〕脊椎障害者の国際スポーツ大会。イギリスのストーク・マンデビル病院の医師グットマンが始めたのがきっかけ、1952昭和27年国際大会が開催された。

　障害者のスポーツは『障害者とスポーツ』（高橋明2004岩波新書）によれば、傷病兵のリハビリから始まり、18世紀には、フランスやドイツで、いわゆる運動療法としてスポーツが活用されている。これが、イギリスやアメリカに伝えられて、世界中に広まった。

　こうしたスポーツへの関心が高まってきたのは1914〜19第一次世界大戦以後で、とくに1939〜45第二次世界大戦中に大規模な戦争によって、数多くの傷病兵が生まれたことが大きな要因。戦争によって受けた障害で歩くことに支障が出て、車いすを使うようになった人たちのリハビリテーションのために、積極的に導入された。

　なかでも、イギリスの神経外科医でパラリンピックの生みの親である**グットマン博士**（Sir L.Guttmann）の功績が讃えられている。

　グットマン博士はドイツのポーランド国境に近いトストという町で、ユダヤ人の両親の元に生まれた。第一次世界大戦後、反ユダヤの空気が強まったドイツを脱出し英国に亡命。第二次世界大戦で多くの戦傷者が出ることを予見した英国は、救急病院から社会復帰までの専門病院の一つとしてロンドン郊外に、国立脊髄損傷センターを設立。そのセンター長にグットマン博士が招聘されたのである。

　ここで治療を受けた人たちの85パーセントが有給で就職するという成果を出したといわれ、その要因の一つとして、医学的リハビリテーションにスポーツを取り入れて、身体的機能の回復訓練、心理的効果などに大きな成果をもたらしたことがあげられる。

　成田真由美さんは13歳で脊髄炎発症、車いすを余儀なくされた時も水泳は嫌い、車椅子100メートル走、ソフトボール投げで全国大会優勝をしていた。

　その大嫌いな水泳を始めたのは、障害をもつ水泳選手から団体のメンバーが足りないから一緒にと誘われたからだという。

冗談半分だと思うが、「岩手国体にでれば萩の月や牛タンが食べられる」もあって一念発起。練習に励みついに出場を果たし、以来、今日のメダリストへの道に繋がったという。

今や障害者スポーツも様々な分野があり、裾野が広がっているようだ。私たちもテレビや新聞でさまざまな障害者の競技を目にするようになった。でも、わざわざ見ようとしない限り障害者の競技大会を目にすることは殆どない。こうした中、成田さんはパラリンピックや障害者への理解を求め、全国各地へ出向いている。

また、パラリンピックを目指すアスリートたちを応援してる団体や個人もいると教えてくれるのが『ようこそ障害者スポーツへ』（伊藤数子 2012 廣済堂出版）。読んでみて、ここに登場する人や団体があって、世の中進歩しているのだと考えさせられた。

表紙裏の本文抜粋に驚かされるけど、立派なことをしているんだと肩肘張らず率直な文章で読みやすい。多くの人に読まれるといいなあ。

―――人工呼吸器が外れてしまい、選手がその場でバタッと倒れてしまった。驚いたのはここからです。人工呼吸器が取り付けられ、今、命をつないだばかりの選手が休むこともなく、そのままプレーを続行したのです。考えてみれば、彼らに時間がありません。いつプレーができない身体になるか、いつまで生きていられるか、という中で彼らはプレーをしているのですから（本文より抜粋）。

2014.08.16 ――――――――――――――――――――――――――――――

明治期、ホノルルの名物男・勝沼富造（福島県三春）

昨夏、中学生の孫が「戦争の記憶がある人から話を聞く」という宿題をもってやってきた。

自分は戦中生まれでも記憶がないから、明治・大正生まれの父母から聞いた話をした。

「空襲で真っ赤になった空。幼児の私は空襲警報が聞こえるとすぐ防空頭巾を被り母にしがみついた。空襲を避けて東京や千葉を転々としていた。

終戦後、一家で東京に戻ったがタケノコ生活。父は母の着物を持って千葉へ買い出しに行ったが、行くたびに交換の米の分量が減ったそうで、父母は農家にいい印象がない」私にもその感情が刷り込まれた。ところが、結婚したら夫の実家は農家、毎年お盆に家族4人で伊那谷へ帰省する。

ある夏、義母が「戦争中、疎開の人が畑の作物に手をつけて」と話すのを聞いて、"悪いのは人でなく戦争"だと気付かされた。

2014年8月15日は終戦から69年、日本はずっと平和だった。その約70年を遡ると大きな内戦・西南戦争があった。そして、日本は海外に侵出していく。

日清戦争・日露戦争・第一次世界大戦・第二次世界大戦、そして敗れ、終戦となる。こう並べると、日本はこんなにも戦争していたんだと今さら驚く。戦争は私たち庶民に負担を強い、生活が苦しくなる。

そのため、または夢を抱いて、明治そうそうから外移住を志す若者がいた。その一人が、ハワイ移民の先駆者・勝沼富造である。

勝沼　富造

1863文久3年、福島県三春町亀井、加藤木家の三男に生まれる。

祖父は三春藩士。父は平藩柔道師範・加藤木直親、母は花沢えう子。磐城平で長男・周太郎、次男・重教、三春町亀井で富造生まれる。

1868慶應4年、戊辰戦争。

新政府軍が三春に攻めて来、5万石の小藩三春藩は降伏、会津攻めの先導として会津に出陣した。次はその頃の俗謡、

　　　会津ゐのしし仙台むじな　三春のきつねにだまされた

1877明治10年、富造14歳。

次兄の重教は既に上京。工部大学校で電信技術を学んでいたが、西南戦争が起こると技師不足になり退学させられ電信局へ配属された。の

ち電信技術官として東北地方在勤。

1878明治11年、富造は勝沼盛也の家を継ぎ、勝沼富造となる。

この年、工部技手となった重教は、弟の富造を仙台に呼び寄せ英語学校（のち第二高等学校）へ入学させた。ところが、富造は忙しい兄が留守の間に無断でやめて帰郷。

その後、田村郡から給費生に抜擢され上京、東京獣医学校で学んだ。──当時、三春は馬産が盛んでしたが、獣医が足りませんでした。そこで、地元では富造に学資を提供して獣医の勉強をさせることにしました（ネット＜新方丈記＞）。

どこの獣医学校か記述がなく、見たところ次の2校があった。ちなみに、富造は卒業しても故郷に戻らず、母校の助手として東京での生活を継続した。

＜獣医学校　その一＞

1881明治14年設立の私立獣医学校、産業・軍事をはじめ多方面の要求にこたえ得る人材を育成。『東京遊学案内』1898によれば、「授業料一ヶ月2円、校舎は牛込区市ヶ谷河田町にあり、9名の教員を以て60名の生徒を養ふ」。

＜獣医学校　その二＞

私立東京獣医学校。『新苦学職業学校案内』1911によれば、位置・東京府下下渋谷（エビス停車場際）、獣医科3年、蹄鉄科1年、授業料1年36円。特典・本科生は徴兵を猶予せられ卒業者は無試験1年志願兵たる資格を有す。

1888明治21年、富造の次兄・**加藤木重教**は、電信局電気試験所で電話機・電話交換法を研究し、日本初の火災報知器を製作。

重教がさらに技術を学ぼうと渡米を計画すると、富造が同行を願ってきた。

1889明治22年、重教は富造を連れて、渡米。

4月15日、東京新橋を発ち横浜港からアメリカ汽船ニューヨーク号でサンフランシスコに向かった。船室は最下等で中国人が多かった。サンフラ

ンシスコにつくと、富造は働きながら夜学に通うことにした。

富造と別れた重教はニューヨークへ赴き、電気技術を学ぶ。

1890明治23年7月、富造、帰国。『重教七十年の旅』に写真付き、詳しい記述がある。

1892明治25年、次は、富造の兄重教へのアメリカ通信。

――― 馬車馬が電鉄レールを横切らんとする際、電気に感じ、馬は数尺空中に跳ね飛ばされて即死。後に馬を解剖したるに腸間膜腺充血心臓肥大をみる。

1896明治29年、加藤木重教は「電友社」を創設。

電灯工事、電機輸入事業のほか、日本初の電気雑誌『電気之友』を創刊、毎月発行。

この頃、勝沼富造はなおアメリカのソルトレーク大学留学中、専門の獣医のほか一般農業、神学、英文学などを勉強していた。

卒業後、ユタ州で獣医として働き、モルモン教に入信。日本人初のモルモン教徒となりアメリカ市民権も獲得する。

1898明治31年1月、10年ぶりに日本に戻った富造は、熊本移民会社が東北から移民募集を始めると、その募集係となって各地で移民を説いた。

7月、富造は大量の東北移民を連れてドウリック号で横浜を出航、ハワイに入植。

東北移民合資会社(仙台、『海外出稼案内』1902)もあったのに、富造が熊本移民会社で東北人を募集した経緯は判らない。

ただ、熊本移民会社で辣腕を振るった井上敬次郎が、のちに東京市電気局長になっているので電気関係、兄重教の縁とも考えられる。

当時、移民には「自由渡航」と手数料などを支払い「移民会社」を通してがあった。

ハワイは「官約移民」の制度があったが、廃止されると民間移民輸送会社がこれに代わり、巨利を博した(『布哇案内』)。

1901明治34年、獣医師として知られた富造はハワイ・ワイアルア在住、

星名謙一郎の結婚式に出席（[移民の魁・星名謙一郎のハワイ時代後期] 飯田耕二郎）。

7月25日、布哇（ハワイ）日本人会。アメリカ丸乗り組み日本人女性がハワイ衛生局員による不当な検疫にあったため抗議集会が開かれ、常議員・勝沼富造も出席した。

＜富造の人柄＞

───（福島県三春・ホノルル府）君はかつて米国において獣医学を研鑽し開業免状を得、ハワイに渡来しホノルル府に開業せしが、大いに在留内外人の賞賛を博し、傍ら移民事業を幇助せり。蓋し邦人にして米国獣医たる者は君の他に之あるを聞かず、其技量特に絶妙の聞こえあり（『新布哇』）。

富造は移民局移民官をつとめ移民の世話をする傍ら、日刊「日布時事新聞」の副社長になった。世話好きで「宴会博士」などとあだ名をつけられ、ホノルル社会の名物男だった。

1950昭和25年、87歳で死去。

『甘蔗の志ぼり滓』（1924馬笑庵）ホノルル日本語新聞のエッセイを纏めたもの。

参考：『福島県民百科』1980福島民友新聞社 / 『重教七十年の旅』1928加藤木重教 / 『新布哇』藤井秀五郎（玄溟）1902文献社 / 『布哇案内』1936日本郵船株式会社

2014.08.24 ─────────────────────────────

藤山家の門、藤山雷太・尾佐竹猛 （佐賀・金沢）

幕末明治を知るのに『明治文化全集』全24巻は欠かせない。この全集を編修・刊行したのは、**吉野作造・宮武外骨・小野秀雄・尾佐竹猛**ら**明治文化研究会**を発足させた8人。

その8人はもとより全集が完結するまでには歳月もかかり、多くの学者、

研究者らが関わった。その誰もが豊富な明治のエピソードを抱えているから、その著述はとても興味深い。明治を知りたい気持ちを満足させ、新たな興味へとつないでくれる。

　古本カタログにはその類の本が載り、たまに購入するが積ん読になりがち。その積ん読中に明治文化研究に功績のあった尾佐竹猛（おさたけたけき）『明治大正政治史講話』1943―元社（序・*明治七十六年盛夏）があり開いてみた。

　明治七十六年：明治元年1868＋75＝昭和18年1943

　目次をみると「藤山家の門」という項目がある。藤山ってどこの誰と思って読むと、大金持ちの実業家・藤山雷太であった。門と直接関係ないが雷太の長男は、政界に進出し**「絹のハンカチを雑巾にする」**と表された**藤山愛一郎**である。

「藤山家の門」他にも在りそうな建造物の歴史話を引用して紹介したい。その門、戦災にも遭わず残っているのかな。著者は司法省時代に門を撮影したそうだが写真はあるのかな。

「藤山家の門」

　―――故藤山雷太氏は財界の大立者であるに反し、僕は陋巷に住む貧乏書生であるから、その間何等の関係ある筈はないのであるが、唯だ強いて思ひ出せば、曽て福澤先生研究会の席上、藤山氏の後に僕が一場のお喋舌をしたくらいで、所謂謦咳に接するといふ程度にだも達せぬ没交渉の間柄である。

　―――実は余計な物数奇から同家の門について少し調べたことがあるのである。誰でも同家を訪ふものの嫌でも応でも気のつくことは、同家の門は堂々たる大名の門であることに目を瞠るのである。失礼ながら藤山氏はお大名の出身でもない……これは藤山氏が何処からかお求めになつたのか、これが同家に買われたことについて最も喜んだのは僕である。

　―――門が藤山家に買はれる前には、今の海軍軍法会議の在る処に、淋しく立腐れにならんとして居つたのを、日夕眺めては、涙をこぼして居つ

たのが僕であつた……

　それは、その形式が「両出御番所御長屋門」といつて、両方の番所が突出して居て、長屋が続いているのは、今日現存している高輪御殿の御門、閑院宮家の御門、華族会館の門、大学の赤門とも形を異にして居るのが珍しい。

　旧江戸の名残りも漸次湮（ほろ）びて、特に大正大震災以後には建築物などの殆ど残らなくなつたのに、斯かる特殊の形式の門の残つていることは、懐かしいのみならず、その来歴が親しみ深いのである……

　──あの門は明治30年3月22日　宮内省より海軍予備校として海城中学へ払下げられたので、その前は今の東京駅付近にあつた司法省の門であり、明治4年9月24日には畏くも明治天皇の行幸を仰いだこともある光栄ある門である。

　而して、その以前は備前岡山32万石の池田家の添邸門である。しかも更に遡れば幕府評定所の表門であつたといふ説があるが、此の点は明確なる史料を欠くのを遺憾とする。

　若し、この説にして真正ならば、幕府最高の裁判所たる評定所の門が司法省の門となり、それが偶然にも、司法省、裁判所の相並ぶ日比谷付近に移され、その場所がまた裁判に関係のある海軍軍法会議の敷地となつたいふのであるから、この方面に多少の関心を持つ僕としては、愛着の涙を濺ぐ……

　僕はこの門が藤山家の門になつたとき、喜ぶの余り某雑誌に報告した。その趣意は、

　──大名の門が司法省の門となり、最後に富豪の門となった。これは近代政治が、封建政治より官僚政治となり、財閥政治となつたことを表徴するものである……

　この記事が出た数日後、藤山雷太氏の秘書が訪ねて来て、門の来歴を書いてくれ、またその書いたものを石に刻つて門に樹るからといはれたのには、如何に心臓の強い僕でもダアとならざるを得なかった。哀訴嘆願して書くことの容赦を願つたのである（『明治大正政治史講話』附録第八）。

尾佐竹　猛　　明治・大正・昭和期の司法官・歴史学者

　1880明治13年、旧金沢藩士で漢学者・尾佐竹保の子に生まれる。

　?年、明治法律学校（明治大学）卒業。

　?年、福井・東京・名古屋各地方裁判所判事、東京控訴院判事を歴任。

　1924大正13年、大審院判事。

　1942昭和17年、大審院検事。

　1946昭和21年、死去。

　法制史的随筆や明治文化史・憲政史の研究を発表、法学博士となる。

　研究は社会風俗にも及び、考証に厳しい自由主義的学風で、晩年明治維新史研究に業遺跡を残した。明治文化研究会を設立。「明治文化全集」編纂、刊行（『日本人名辞典』1993三省堂）。

藤山　雷太　　実業家

　1863文久3年、佐賀藩士・藤山覚右衛門の3男に生まれる。

　?年、長崎師範学校卒業後、一時郷里で教師をし、のち上京して慶應義塾で学ぶ。

　佐賀県会議員を経て実業界に転進。三井銀行に入り、**中上川彦次郎**のもとで芝浦製作所の再建、王子製紙乗取りに成功。また東京市街電鉄・日本火災・帝国劇場創立に参加。

　1906明治39年、3社が合併した日本精糖（日糖）の経営破綻に際しその再建に成功。

　1909明治42年から20余年にわたり、日東疑獄後の大日本製糖の整理・再建に功績をあげ、これを中心に台湾精糖・パルプ業の開発に成功。一躍財界に重きをなした。

　大正・昭和の財界に、旧財閥に対抗して一方の雄となった。

　晩年は東京商工会議所会頭をはじめ要職を重ねた。

　1938昭和13年、死去（『日本人名辞典』）。

関東大震災：蠹魚（しみ・紙魚）の自叙伝・内田魯庵

　"泥と格闘"広島の土砂災害は報道される度に死者が増え、大変な惨状だ。

　夏から秋、季節の変わり目は災害が起きやすいのだろうか。間もなく9月1日、関東大震災があった**震災記念日**で、あちこちで災害避難訓練が行われる。

　その訓練日、小学校へ孫を引き取りに行くと、生徒全員防空頭巾をかぶり校庭に座って迎えを待っていた。仕事を休んで参加する親には負担だろうが、避難訓練は大切だ。

　「1923大正十二年九月一日帝都大震災大火災大惨状」、関東大震災の新映像が、東京国立近代美術館フィルムセンターに収蔵されていて、2014年9月27日から同センターで特集上映される（毎日新聞2014.8.28）。

　◇東京・丸の内で建設中に崩落300人が犠牲になった内外ビル

　◇牛込駅（現・飯田橋駅）

　◇見せるべきではないと国の通達後に削除された遺体の映像。その他。

　たまたま、『**魯庵の明治**』（講談社文芸文庫）を読んでいたら「灰燼十万巻」、東京日本橋・丸善炎上の話があった。関東大震災の時かと思いきや、1909明治42年末の火事、書店もろとも本が焼けて了ったのだ。その丸善が、関東大震災で再び燃えてしまった。

　丸善の顧問・魯庵は東京生まれの東京育ち、住み慣れた街が破壊され万巻の書が灰になった衝撃は大きかった。魯庵ならずとも立ちすくむ人々は多かったろう。

内田　魯庵

　1868明治元年、東京で生まれる。本名・貢、別号・不知庵。

　明治中期、「女学雑誌」「国民之友」に評論を発表、批評家として認められた。

二葉亭四迷と親しく、ロシア文学に早くから影響を受け、ドストエフスキー『罪と罰』を日本で初めて紹介した翻訳家。

　1894明治27年、代表的評論「文学者となる法」文学は常に社会・人生の問題と真剣に取り組むことを主張し、その立場から硯友社の作家たちを痛烈に批判した。

　1898明治31年、『暮れの二十八日』を発表。

　小説家としても知られ、随筆家として文明批評や回想記などすぐれたものを残し、今なお読者を持つ。

　1929昭和4年6月29日、死去。

　魯庵の小説、翻訳、随筆などは各地の図書館に置かれているが、関東大震災10ヶ月後に書かれた『蠹魚之自伝』(とぎょのじでん)はあまり見ないので、紹介したい。

　蠹魚(とぎょ)の蠹は螙とも書き、樹木のしんを食う虫、紙を食い荒らす8mmほどの昆虫で紙魚(しみ)のこと。

　はじめ『蠹魚之自伝』の蠹魚が読めず、意味も判らないので一旦は投げ出した。でもせっかくだからと頁を繰ると、海老と見まごうイラスト、何これ?紙魚の拡大図だった。つい気になり頁を繰ると軽妙な筆致に引き込まれ、気付けば魯庵の世界に取りこまれていた。

<蠹魚之自伝> (とぎょのじでん)

「罷出でたるは此のあたりの古本箱に棲む蠹魚(しみ)にて候」とシヤリヤピン(ロシアのバス歌手)張りのバスを張り上げてみてもこの体じゃ押しがきかねェ。だが、あんまり安く扱つてもれェたくねェ。虫眼鏡で覗いて見て吃驚(びっくり)しなさんな

　……武備あるものは必ず文事ありで、東西古今の典籍をパンとしてゐる俺の頭は諸子百家をはちきれるほど詰め込んでをる

　……人間の垢をしやぶる虱や台所を駆けずり廻って総菜のつまみ食ひする油虫のやうな賎虫族と違つて、俺は古い墨の香に陶酔する虫の中の隠君子さまだ。

だが、去年の地震ぢやァ大学図書館を初め松廼屋（まつのや）文庫やそこら中の俺たちの眷属の植民地が焼き払はれる。仲間の奴らは惨死する。目もあてられねェ。隠君子だなんて引込んぢやをられん。

――― 中略 ―――

　三方から火を喰止めて国家の貴重な文献を漸とこさ助け、戦場なら安く見積つても感状物だが、本ぢやイクラ貴重書を助けたのでも拾ひ首ほどの手柄にもなれねェと見えて、御苦労だとも云はれねェんだ。之だもの、そこら中の官庁で国家の重要な記録が灰になつちやつたのも少とも不思議はネェのさ。

　……人間は無精で横着で、オマケに書物に目の利く奴が根つから無ェので、大切なものまでも放たらかして置く

　……人間は汝（うぬ）が無精や手ぬかりを棚へ置いて蠹魚蠹魚と書籍の滅亡を俺たちばかりのせゐにしてやがる。イヤだ、イヤだ。俺はもう蠹魚の生活にグッドバイをして、来世は聖賢の文字を触つた功徳によつて、本なんぞを読まねえでも大臣になれる金持の貴族の坊つちやんにでも生れ変りてェもんだ（大正13年5月4日～31日東京日日新聞）。

＜永遠に償はれない文化的損失＞

（大正12年10月10日～23日東京日日新聞）

　地震で落ちた屋根の修繕がマダ出来ず、雨漏り悩まされながら、破れ畳で一家十人で半罹災民として生活するなかで魯庵は「永遠に償はれない文化的損失」を書く。マダ流言飛語が絶えない地震から一ヶ月半後、「関東大震災で焼失した図書を追懐」まで連載。

　（一）京橋・日本橋・神田から下谷・浅草・本所・深川へ跨がる罹災地は一面の焼け野原、横浜から房総湘南一帯も滅亡。日本橋・丸の内界隈の大建造物も焼失。しかしいずれ再建できるだろう。それより、百年たっても永久に保障されないものがある。

　（二）真に惜しむべき大損失は、金に見積もれない歴史的建造物、古芸術、古記録、稀覯書その他多くの文献の滅亡である。

（三）東京帝国大学図書館も今度の震災の最大禍、70何万冊の殆どが滅亡した。外国からも寄贈があったが、それだけでは図書館本来の役目は果たせない。

（四）被服廠に隣接する松廼屋文庫には能・歌舞伎・徳川時代の民衆文芸・名家巨匠の書き入れ本などがあり、安田善次郎は千金の稀本でも借覧させた。それが焼けてしまい「我々読書生にとって最も愛惜にたえないのはこの松廼屋文庫の焼失である」と嘆く。

（五）黒川文庫のご宸翰や国宝的古筆の万葉の断簡を初め名家の自筆藁本（草稿）などもみな灰になった。美術史の損失は浮世絵、縁起絵日記、古畫珍什にまで及ぶと惜しむ。

（六）最も遺憾に堪えないのは、内務、大蔵を初め消失した各官庁の記録及び調査資料の全滅。同じ歳月と同じ費用をかけても決して再び得られないと魯庵は大憤慨、大震災の最大損失だと歎く。数十年間数百人の吏僚を役して調査せしめたナショナル・レコードの殆ど全部を焼いたのは文明国としての恥辱と言い切る。

（七）震災の翌日、動物園が焼け大小猛獣が射殺され、博物館も延焼のニュースの後、「災厄に鑑みて貴重の文献を収蔵する文庫は普通の建造物から隔離し、万全な防火設備の完成を図らなければならない。稀覯書の複製と重要な記録の副本作成は文化上の重大な事業である」。

　現代はコピー機能が発達し魯庵の心配の半分は解消されているが、文書の保存についてどうだろう。保存可能となっても、誰もが見られるシステムができあがってないから、好奇心が人一倍強い魯庵を満足させられるものではなさそう。

2014.09.06 ──────────────────────────────

130年前の漁業者表彰 （牡鹿郡・気仙郡）

　はや9月。図書館カードを首から提げて小道を歩いていたら、良い匂い。

あたりを見回すと金木犀ならぬ銀木犀が咲いていた。銀モクセイの花は、金モクセイのオレンジ色と違って白く地味、香りがないと気付かない。こじつけのようだが人の歴史、業績も同様かもしれない。記録がなければ埋もれてしまう。

そこへいくと、平凡社の**東洋文庫**は埋もれそうな過去を遺してくれている気がする。

この文庫には東洋こと広いアジアはむろん、日本の地方文化、産業なども収められている。例えば、『**大日本産業事蹟**』（大林雅也編著・平凡社）には、記録が残されにくい農業や漁業などさまざま記述がある。何かの参考に、項目をあげてみる。

各項の説明は短いが、纏めるには時間のかかる調査と史料が必要だ。価値があってもベストセラーを予測できそうもない地味な仕事である。著者・大林雅也も気になった。

巻末の略歴と解説を参考に、著者と岩手・宮城県水産業の一端をあげてみる。

勧農殖産、開拓疎水、穀菽（こくしゅく、穀物・大豆）、蔬蓏（そら、野菜・果実）、果樹、各様草属植物、各様樹属植物、甘蔗糖、茶、養蚕製糸、林業および林産物、運輸交通、漁猟、漁具、捕鯨、採藻、河沼漁、業業参考、海産製品、製塩、織物、陶磁器、磁器、各種工芸、抄紙、製油、醸造、食料製品、鉱業、雑事

（1988『大日本産業事蹟』第一編～第四編）。

【漁猟】 ＜陸前国＊気仙郡 鮪（まぐろ）漁業者の事蹟＞

陸前国吉浜村、故・新沼武左衛門なる者は、従来地方に秋鮪漁業のなきを痛歎し、歳月辛苦を積み、ついに一種の＊建網（たてあみ）を工夫し、これを浜海の各所に試設し、新たに漁利の多きをいたし、公益を後人に伝え、以て1885明治18年4月 宮城県下本吉郡、牡鹿郡、桃生郡、岩手県下気仙郡、南閉伊郡、連合水産共進会より特にその功労を追賞する所ありし。

＊気仙郡：1869明治2年9月、江刺県に属し、同4年11月、一ノ関県

に属し、同9年4月、宮城県に属し、同年5月、岩手県に属せり(『岩手県史談』1899志村義玄)。

　*建網:魚群の通路に設置し、魚群を導き入れて捕らえるもの。定置漁業の大部分はこれをもって行われる(『広辞苑』)

【海産製品】　<陸前牡鹿郡　鰹節製造の起源>

　陸前国牡鹿郡十八成浜、遠藤金兵衛なる者は幼児より漁業に従事し、かねて魚商を営み、しばしば豆、相二国(伊豆・相模)の間を経歴し、たまたま小鰹を節に製するの実況を目撃し、深く感ずる所ありて、その製法を習練して居村に鰹節の製造を創む。

　漸次販路を拡張し、製額を増し、特産となし、海浜漁民の福利を増すに至り、その功績大なるを以て、明治18年4月　宮城県本吉郡・牡鹿郡・桃生郡、岩手県下気仙郡・南閉伊郡・連合水産共進会においてこれを嘉賞する所あり。

大林　雅也

　1866慶應2年、東京で生まれる。東京府士族。

　1887明治20年8月、東京農林学校農学本科を卒業、農学士、22歳。

　三重県尋常中学校に教諭として赴任するも辞職、東京に戻り農商務省に入る。

　1888明治21年、このころ農商務省技手見習、農務局蚕糸課に所属、月給30円。

　大林は蚕糸部に配属され、主に海外実況の調査を担当。

　1889明治22年、あちこちの地方に出張、「農工商臨時調査」にあたった。

　1890明治23年、三重県に出張。

　巡回調査にあたり県知事部長らと面会、乳牛場、養豚場など見学、県議会の傍聴。

　明治政府は、維新このかた欧米制度・技術の導入に全力をあげていたが欧化方針の反省が生じる。大林は上司・*前田正名のもとで調査に従

事したことにより、在来産業に強い関心をもつ。

　前田正名：（1850〜1921）薩摩藩士の6男。内務省出仕。三田育種場所長。在職中、全国を行脚、国内産業の実情を調査し、殖産興業のため自説を加えて報告書を作成。退官後、全国を遊説、生涯を在来産業の育成に捧げて＜布衣の農商＞と呼ばれた。

　1891明治24年、『大日本産業事蹟』を著す。

　この書で、わが国在来産業の起源と発展の過程を、創業者らの事蹟をもとに明らかにしようとしたのである。

　─── 一人の専門的農業技術者が、若い頃、『大日本産業事蹟』という一冊の編著をまとめたことを大事に思う（『大日本産業事蹟』解題・丹羽邦男）。

　1892明治25年、農商務省技師に昇任。

　1894明治27年、大日本農会・全国農事大会に出席。

　1896明治29年、農商務省産業講習所。新設の西ヶ原、農務局製茶試験所の主任技師として製茶試験などを担当。

　当時、農商務省には官僚体制が整備され、本省にいることなく地方に調査に赴く環境は失われた。これ以後、大林は明治39年まで専ら茶業専門技術官僚の道を歩む。

　1907明治40年、招かれて静岡県農事試験場茶業部（牧ノ原）に赴任。

　1911明治44年、茶業組合中央会議所（東京京橋区）の嘱託技師となり、かつての住居（駒込）に戻る。この時をもって、官吏生活を終える。

　以後、1924大正13年まで茶業組合の嘱託技師、特別議員として、製茶技術の改良普及につとめる。

　1927昭和12年、生涯ほとんどを東京で過ごしたが、千葉県船橋に転居後、心臓麻痺で死去。61歳。

＜毎日新聞2014.9.7「**遠い復興・雄勝**」＞

遠い復興“戻らぬ港　細る漁業”

　宮城県石巻市雄勝町の北東部に位置する荒（あら）漁港。岸壁の半分は崩れ落ち、コンクリートのがれきは放置されたまま。漁船は1隻も係留さ

れていない。「目の前に漁場があるのに、自分の漁港から船が出せない。本当に歯がゆい」荒地区の漁師は憤る。

　復興工事を何度か発注したが応じる企業がないのだという。東京オリンピック、復興需要による人手不足も原因のようだ。津波で壊れたまま、手つかずの荒漁港の写真がすさまじい。東日本大震災から3年半すぎたのに、ほんとうに復興は遠い。何も出来ないので、せめて記事を紹介。

2014.09.13 ──────────────────────────

ミシンと明治・大正・昭和

　浦安ディズニーシーそばの体育館に行き、老骨にムチ打ち卓球の試合に参加。動き回ったから今日は筋肉痛。その日は雨、しかも平日なのに舞浜駅はディズニーランドの客でいつもながらの混雑。

　改札を出てエレベーターに乗ると先客がいた。学校が休みらしく女子高生数人、ディズニーのキャラクターを身につけ楽しそう。扉があくと一人が「お先にどうぞ」。

　エレベーター内は彼女らのキャリーバッグもありギュー詰め。でも、みんな笑顔、「楽しんでね」と声をかけ外に出た。

　夕方、再び舞浜駅のエレベーター。朝のカラフルな服装の平成ガールを思い、ふと、自分で服を縫ったりしないんだろうなと思った。だいたい、家にミシンあるのかな？

　「英語のソーイング・マシンが略されミシン」というJR車内のクイズ広告を見たせいか、ミシンを思い出した。昔、ミシンは花嫁道具だった。裁縫好きの私は、子どもの洋服をよく手作りした。はじめは足踏み式ミシン、いつの頃からか電動に買い換え今も使っている。

　ミシンはイギリスで18世紀産業革命期に発明され、改良され進歩したという。

　日本にはじめて渡来したミシンは、安政年間アメリカ総領事ハリスから、

徳川将軍家定夫人に献上された一台。しかし、このミシンは一般の目に
ふれることはなく、中浜万次郎が咸臨丸で持ち帰ったミシンが日本初のよ
う。

石井研堂『**明治事物起原**』に次の記事があった。

———中浜万次郎、1860万延元年、大使衛護船の通詞として米国に渡
り、此年五月帰帆す。時に、写真器械と裁縫ミシンとを携へ来たり、庶
人に示して其効を弘めしといふ。これを本邦裁縫ミシンの始とす。

また、ミシンの使用を初めて日本人に伝えたのは、宣教師ブラウン夫人
という説がある。ミス・キダーによるミッション・スクールでの裁縫授業
の奨励、裁縫技術を伝道に活かす事もあったらしい。明治期にミシンの
輸入がはじまり、洋装の普及とともに需要がます。その時の世相が見え
そうなミシンの話、いくつか拾ってみる。

1894明治27年、『工芸技術教授書・自習独特』大阪工芸

今の世にミシンほど一家の中に忠義なる者はなし……の書き出しでミシ
ンについて3頁ほど記しているが、これだけでは自習できず何も縫えない。
ただ、附言の

———「ミシンは鉄製ゆえ甚だ錆の着き易きものなれば1週間に一度宛は
油布にて丁寧に掃除」に、ミシンもはじめは鉄製だったと知った。たしか
に鉄は錆びやすいから掃除しないと。

1919大正8年、『女が生活するには』中村孤月・大日本雄辯会

———ミシンではシンガーミシンが広く行われて居りまして、機械は月賦
で販売しますから、大した金が無くとも買ふことができます……地方でミ
シンを覚えますのには、月賦で売つた所で、無月謝で教えます。

『応用自在現代広告文句辞林』千早正寛

———ミシン一台で裁縫全部を遊ばす大経済を成程と御承知遊ばすには
シンガーミシンを実際ためして御覧になるに限ります。

そよ吹く風の初秋に際していとも親しむべきは、家庭用シンガーミシン
にて、時節に有り勝ちの憂愁の思ひも消散し給ふべし。実益多きが上に
趣味も亦秋と共に深からん

1931昭和6年、『借金の合理化』改政社・著者の犀川長作は弁護士

ミシン金融の項：東京にある6つの業者・店名、住所、電話が掲載されている。

───（序）およそ、この＊不況時代に処してゆくには、どうすれば……おとぎ話のような金儲けの雑本は店舗に堆積されている。溺れる者は藁でもつかむとやらで、迷へる民衆は或いは手にするものがないとも限らないが、その日暮しの庶民階級にどうして金儲けができようか

───本書は、その階級の人々に、でき得る限りの親切と、丁寧と、そして極めて平易に、金融利用の秘訣を提示したものである。

＊不況時代：昭和5年、世界大恐慌が日本に波及、不況は昭和7年頃まで続いた。

1948昭和23年、『最新機器総合型録』（日本科学技術連盟）

＜ミシン＞

───ミシンは近代文化の所産で、その発明普及が衣料文化の飛躍的進歩或は衣料製作の能率化、画一化などを通じて、世界人類の福祉に貢献……

この観点から我が国の現況を見れば、ミシンの保有台数は、太平洋戦争前1000人あたり19台、戦後は1000人あたり7台に過ぎず、東洋諸国間においてすら極めて低位にある実情で、将来文化国家としての日本はミシンの保有台数を欧米諸国のレベルに引あげるべきで、その上多数の引揚者、戦災者（戦災？）、遺家族等の更生用機器としての用途、又食料輸入の見返品としての適格性を思ひ合せる時、その前途は輝かしい光明に満ち満ちて居ります

技術の面では戦時中の輸入途絶による国産化などの必要から、却つて相当の進歩を遂げ……今や各ミシン製造メーカーは終戦と共に立ち上がり、本年度は13万台、来年度は20万台を越える計画であります。

この『最新機器総合型録』には国産ミシンの写真があり、蛇の目ミシンが懐かしい。カタログにあるミシンをあげてみるが、覚えのあるメーカーありますか。また、現在も生産されているかな。

トヨタミシン・リズムミシン・三菱ミシン・東京アサヒミシン・パインミシン・イシイミシン・津上ミシン・蛇の目ミシン・マルタミシン

2014.09.20 ————————————————————

国語辞典の基礎をつくった『言海』大槻文彦

　言葉のいろいろが好きな人は、お気に入りの国語辞書をお持ちでしょう。筆者は二十歳の記念に買った『広辞苑』『旺文社国語辞典』など使っているが、どれも古くなった。言葉は生き物、変化するし改訂版が出ているが買換えしていない。また、近ごろは電子辞書が普及しているが、紙の方がいい。

　以前、点訳をしていたとき先輩に「点訳する原本の出版年と同時代の辞書がいい」と言われ、なるほど納得、辞書は新旧とも大切と思った。

　でも、辞書そのものに無関心だった。しかし"為になっておもしろい"『辞書とことば』(惣郷正明・南雲堂)に出会い、辞書ってこんなにも違うんだ。急に興味がわいた。

　『辞書とことば』は、考えだすとやっかいな言葉についてや調べ方を、たくさんの辞書から引用して説明、解りやすくておもしろい。

　さっそくブログにと思ったが内容がありすぎて、抜粋とか抄訳といった半端ができない。そこで、<国語辞書の誕生『言海』>の大槻文彦をみてみることにした。

大槻　文彦

　1847弘化4年12月22日、西磐井郡中里村に生まれる。

　祖父は蘭学者・大槻玄沢(磐水)、父は洋学者・大槻磐渓、兄は学者・大槻如電。

　?年、江戸に出て漢学を学ぶ

　?年、開成学校(大学南校、東大の前身)入学、同時にアメリカ人に英語

を学ぶ。

?年、東京高等師範学校などで国語学を講義。

1873明治6年、宮城県師範学の創立とともに校長に就任、祖先の地、宮城に赴いた。

1875明治8年、文部省・報告課勤務。

日本辞書編輯の命を受け『言海』との苦闘がはじまる。文部省の国家的事業として発足した『言海』だが、草稿の完成後は文部省の倉庫で埃をかぶり出版の見込はなかった。

1878明治11年、大槻は文法会を興し「かなのかい」に参加、かな文字の普及にも力をつくした。

大槻文彦は陽の目を見ない「言海」の原稿の引渡しを受け、自費出版することに。

───この一大事業を為し遂げるまで、編修の苦心もさることながら、校正者の死去、自宅の類焼、妻子の病死など不幸があった。倦まずたゆまず努力して完成させた『言海』は我が国の国語辞典の元祖であり、権威である（岩手県教育会盛岡支部会）

完成まで17年もかかった『言海』跋文の一部、

───筆とりて机に臨めども、いたづらに望洋の歎をおこすのみ、言葉の海のただなかに＊梶緒絶えて、いづこをはかとさだめかね、その遠く広く深きにあきれて、おのが学びの浅きを恥ぢ責むるのみなりき

梶緒：かじお。舵を船にとりつける縄

1891明治24年、原稿が膨大なため分冊で予約を始めたが、学者の大槻にとっては編集より何倍もの心労であった。ともかく和綴じの分冊本『言海』（のち洋装本の一冊に）がようやく完結、世間から絶賛されやっと苦労が報われた。

1898明治31年、『広日本文典』出版。当時としては最も優れた中古文典といわれ、文法の基礎をつくった。この中古時代とは、桓武天皇より院政の始まるまで。

1899明治32年、文学博士となる。

文部省国語調査会設置。委員長・前島密、大槻ほか委員７名、口語法制定を目指す。

　のち、大槻が起草し口語法一巻刊行、口語法の基準となる。

───収めてある語彙はさまで多くないのと時世の進運とはこれが改訂を促すこととなり、十閲年にして阿加佐（ア・カ・サ）三行を了えたころ、肺炎にかかってしまう。

　1928昭和３年２月17日、死去。80歳。

　増訂版『大言海』は、関根正直・新村出両博士監修の下に、昭和７年第１巻、昭和10年全４巻を刊行（『国語史』1942福井久蔵）。

　こぼれ話

☆大槻が死去した年、彼がもっとも愛護していた松の木が枯死、人から奇しき因縁と。

☆＜混説せられた『大言海』のダルマソウ＞

───ダルマソウ（達磨草）とよぶ植物に二種あって、一つはキク科のダルマソウ（達磨菊）、一つはサトイモ科のダルマソウ（ザゼンソウ）……大槻文彦博士は混説してゐられるが、二種に分かつべきものである。かくも『大言海』に関しては、書中の諸処に誤謬が鮮なくないのが事実である。好辞典誠に可惜哉である（『牧野植物随筆』）。

　植物学者・牧野富太郎はこのように『大言海』を批判するが、『国語史』によれば、大槻は「一人でその大業を完成されようとしたので、語源なども改訂を加うべきものがないでもない」のである

☆大槻文彦はかつて根岸沿革地図の編纂に従事してい、除夜の鐘も鳴ろうという大晦日の多忙の折しも＊益田克徳を訪ねた。

　益田が苛立って「今時分、何の用かね」というと微笑して「将軍塚の所在だ、探してみたが分かりかねるから君に聞いてみよう」と言う。益田は呆然、「ソンナ事を知るものか」

　益田克徳：三井物産社長・益田孝の弟。"茶"を愛した。

☆明治44年、『光悦談叢』著者・森田清之助が、根岸「御行の松」辺の大槻邸を訪ねると、大槻は白頭長身、神経過敏ならざる好老士、古

代の人はかくやと思ふばかり。応接振りは、極めて素朴誠実であつた。

生活綴り方、村山俊太郎 （福島県・山形県）

　地下鉄のとある駅、制服の中学生一団が乗ってきた。男子ばかりで騒がしいと思いきや静かだ。皆、ゲームを始め小さな画面に集中、車内を見渡せば大人もスマホを見入ってる。

　近年、珍しくもない光景だが、ゲームに興味もないおばさんは余計な心配をしてしまう。インターネットが当たり前の十代、ナマの現実にどう向き合ってるのでしょう。

　友達がいなくても一人遊びでき、情報も溢れている現代。今どきの教育者は大変そう。情報有りすぎの分、いろいろ悩み、つまずきやすいかも。

　転んで傷ついてもメール、ラインで訴えて紙には書かなさそう。そもそも、日記や作文、授業に採り入れられてるのかな。

　孫息子、一人は作文が得意、一人は苦手で三行で終わっちゃう。まあこんなに短くなくても作文苦手は多い。

　ところで、作文・綴り方の歴史を知れば、自由に書けるっていい、それが可能な社会っていい。そう思うようになり、面倒がらずに書くかもしれない。

　戦前、「山びこ学校」「綴方生活」があった。生徒の貧しい生活環境を思いやり、生きていく力を身につけさせようという運動を起こし、実践した教師がいた。そこに至る流れ、実践した**村山俊太郎**をみてみる。

　1872明治5年、学制がしかれたころ、作文は模範的短文を応用した文章が指導された。

　1887明治20年代、漢文調や擬古文調の美辞麗句を暗誦、綴り合わせる形式主義の作文が展開された。この傾向は、長く明治期をおおっていた。

そういえば、明治人とか著作を探しているとき"美文"の参考の類をよく見かけた。

国会図書館デジタルコレクションで「美文」を検索すると185冊もある。同じ趣旨で言葉を換えればもっとあるだろう。美文は文学芸術とは別に、一般人にも必要だったのだろう。

1900明治33年、小学校令改正によって作文は「綴方」となり国語科に位置し、読方、書方とならんだが、自由で個性的な表現はみられなかった。

日露戦争後、一時的に自由発表の主張がおこったが、大勢は依然として、課題作を主にしての漢文調の議論文、記事文、説明文、書簡文などが、範例によって指導された。

1907明治40年代、文壇の自然主義思潮の影響を受け、写生主義綴り方が増した。

1912大正時代になると、自由主義教育の台頭で課題作でなく、自由選題となり、児童性を尊重、綴り方に童心を反映させるようになった。鈴木三重吉主宰の雑誌『赤い鳥』がよく知られる。

『赤い鳥』の綴り方は、文芸的リアリズムを助長し、現実生活を具体的に表現するようになった。この発展として＜生活綴方＞が起こり、綴り方の生活的・人生的意義が強調されるようになった（「作文教育/滑川道夫『世界大百科事典』平凡社）。

村山　俊太郎

　昼の三日月
　月夜のひめさん　忘れたか
　波間に浮いている　銀のくし。
　きらきら波間に　浮き沈み
　小櫛は流れて　行きました。　（以下略）
　水に映った三日月は銀の櫛、きれいな情景が浮かぶ童謡詩、作者は**村山俊太郎**（むらやまとしたろう）である。

彼は貧しい農家に育ち、借金を抱えて生活していたが、「こうした環境にあって、すべてを美しく眺め、借金の累積に悩む自分の家すら頭にはなく、芸術至上の夢に酔い、文学を読み、詩歌創作に耽った」。このような時代があったのである。

　戦前の生活綴方運動のなかで、生活綴方教育全般にわたる理論化においてきわだった業績をのこした。大正から昭和初期、小学校教師のかたわら童謡の創作にうちこみ、そこから生活綴方運動に参加していった。

　1905明治38年7月15日、福島県岩瀬郡須賀川町（須賀川市）に生まれる。

　1921大正10年、16歳。尋常高等学校卒業。代用教員となる。

　教壇に立って教え子をよく見ると、農家、日雇い、女工、職工、商業、植木職、事務、大工など、さまざまな家から通っている子らの現実に、それまでの自分の子ども観と大きくかけ離れていることに気付かされる。

　1924大正13年、検定試験で本科正教員の免許取得。

　1926大正15年、山形県師範2部卒業。

　1928昭和3年、山形師範学校専攻科を卒業。東沢小学校教員。

　1929昭和4年、『綴方生活』創刊。

　　12月、「新興綴方講習会」に参加。村山は「綴方生活に＊自照文」を発表、非常にきびしい批判を受け、生活詩への転換にむかうことになった。

　＊自照：自分自身に対する反省、観察

──子どもたちの生活を見れば見るほど、貧乏と苦悩の現実でしかない。

　現実を書かせればいいというものではない。そこからどういう見通しを子どもたちに与えていくのか、どういう生き方を追求させていくのかという、あるがままの現実からあるべき現実を子どもたちに探求させていく生活表現こそ、自分たちの本当に求めるリアリズムの道だ（『生活綴方実践論』＊村山士郎・青木教育叢書）。

　村山士郎：村山俊太郎の子息、教育学博士。

　1930年代（昭和5〜）に入ると、東北地方6県の生活綴り方の実践家た

ちを結んだ北方性教育運動が本格的に進められる。封建制を残した東北農村の社会的科学的分析にもとづいた北方性教育論の理論化につとめた。

　1931昭和6年、軍国主義の時代にあって非合法の教育労働運動にも参加。

　山形県教育労働者組合結成、山形県教組副委員長。

　1932昭和7年、弾圧検挙され、免職。起訴猶予。

　1933昭和8年、山形新聞記者。

　1934昭和9〜10年、「綴方生活」地方同人として見解を発表。「北方教育」誌で北日本国語教育連盟結成運動を支援。

　1936昭和11年、『生活児童詩の理論と実践』を刊行。

　1937昭和12年、復職。雑誌『綴方生活』同人として、リアリズム綴方論を展開。

　1939昭和14年、第1回教育科学研究会全国集会に参加。

　1940昭和15年、生活綴方事件で検挙される。

　村山をはじめ北方教育関係者の検挙が続き、戦時下、生活綴方運動関係者に加えられた弾圧の嚆矢とされる。

　戦後初期に共産党に入党、ふたたび教育労働運動に尽力したが、獄中で熾烈な取り調べを受けて害した健康はもとに戻らなかった。

　1942昭和17年、実刑5年の判決。病気のため入獄延期のまま終戦を迎える。

　1945昭和20年、敗戦。

　1946昭和21年、日本共産党に入党。

　1948昭和23年、43歳の若さで死去。

　著作:『村山俊太郎著作集』全3巻。

『生活綴方実践論』

　生活綴り方の教育指導をする教師たちが指導した詩が載り、「草刈り」はその一編。掲載された詩のどれを読んでも、貧しくて厳しい環境にある子どもの姿があり、子どもたちに生きる力を与えたいという、教師たちの思いが目に見えるよう。それにひきかえ現代は、子どもの労働を見なくな

った。しかし、貧しさが消えたとは思えず、考えると難しい。

　　〝草刈り〟　　　高一女子
　　山のように高く生えたこの草　今から刈るのだ
　　牛の一番大好きな草　野原一めんに生えた草は
　　この鋭い鎌で刈り取ってやるのだ　こおろぎ、鈴虫は草やぶから飛び立
　つ
　　それでもなお私はこの草を刈り取るのだ　一本でも残すものか
　　手からは血がだらだらと流れ落ちる　血に染まったこの指で草を刈り取
　るのだ
　　雨はやっぱりやまぬのか　笠にぽとりぽとりと音をさせている
　　この向こうの野原にも　女がひとり、笠をかぶって刈っている
　　私もやっぱり雨にぬれながら　この山のように高く生えた草をかるのだ
　　参考：『民間学事典』船橋一男1997三省堂/インターネット

2014.10.04 ────────────────────────────

会津富士、磐梯山の大噴火（福島県）

　近ごろの空、天候が変だ。雨の降り方も半端でなく災害をもたらしている。不安ただよう秋だが、**御嶽山**の紅葉は青空に映え人をひきつける。
　2014年9月27日も上天気、多くの登山客が木曾御嶽山の頂上めざした。と、突然、噴火がはじまった。立ちのぼる噴煙、降りそそぐ火山灰や石。
　戦後最悪の大惨事となった噴火、負傷者ばかりか死者も多くでて恐ろしい。山は無惨に灰に埋もれ、多くの人が命がけで救助にあたった。麓で無事を祈りつつ見守る家族、友人たちが傷ましい。日本には火山が多いと改めて思い知らされた。つい忘れがちだが、噴火の記録を目にすることは少なくない。

御嶽山噴火の126年前、1888明治21年7月15日午前7時半頃、大音響とともに磐梯山は火柱を噴きあげた。

　鳴動と地震は2時間にわたり、山頂は吹き飛んだ。天から石と灰が降りそそぎ、泥流は時速77キロのスピードで北川山麓を襲い集落を呑み込んだ。死者は463人。

　<救難救助の図>宮城県士族・雲野香右衛門

　───会津人は維新の際の戦争をこの上なき恐ろしき事と記憶し孫の末々まで伝うべしと考えしが、この噴火事変に遭い、ああ今度この変に比すれば会津戦争なんど丸で盆踊りくらいと評せし由、是にてもその惨状を推察せられぬ（『磐梯山大変録：密画挿入』明治21.7.30）

<磐梯山噴火、山頂吹っ飛ぶ>明治21.7.17　東京日日新聞

大噴火、岩瀬村全村埋没───ある電報に磐梯山噴火、岩瀬村の内およそ56戸潰れたり、噴火なお止まずとありし由。

　また一報に同山の噴火は六里四方に災害を及ぼし、埋死およそ四百人ほどあり（内十五人浴客なり）。埋没戸数三十ほど、*ヒバラ全村は大川噴出の土に埋もれ、ほとんど沼とならんとす。鳴動なおやまずと見えたり。

　*ヒバラ：北麓の檜原川・長瀬川が泥流でせきとめられ、裏磐梯に檜原湖などたくさんの湖沼が発生した。

<二里四方の草木枯死>明治21.7.19　官報

　磐梯山二里四方は噴火灰燼のため草木枯死し、かつ長瀬川流滞停して二里四方に溢る。よって直ちに同県にては防御に力を尽くせり。しかして、該山の鳴動はようやく止み、再び破裂の恐れなかるべし（『福島県耶麻郡磐梯山噴火詳誌』佐藤誠之助）

<猿猴、地変を告げて人名全うす>時事新報明治21.7.23

　磐梯山の噴火する三、四日以前より小磐梯、大磐梯、北磐梯、櫛ヶ峯等の諸山に住める猿猴は何か事あり気に啼き叫びて実に耳喧がしき程な

りしかば上の湯、中の湯、下の湯および磐梯の湯等の諸温泉に入浴し居る人々は、かくも憐れに悲しみ叫ぶは天変地異の前兆ならん、或いは同類の首領の死を悲しむものならんなどと勝手に空想……

　……是は必ず天変地異の前兆に相違なしとて、未発の危難を思い遣りそうそう支度を調え家路をさして逃げ帰りたるに、果たして十五日の早朝無惨の凶変起こりたれば、件の逃げ帰りたる人々は、吾が命は猿の賜なり。彼なかりせば如何で我が命助かるべきと、ひたすら万死の中に一命を得たるを喜びて他人に語り居れりといふ。

＜天なんぞこの村民に無情なるや＞

　1889明治22年5月、国会開設の前年。*谷干城、佐々友房、東海散士・柴四朗らは東北遊説のため、四朗の兄・柴五三郎の案内で朝早く上野駅を出発。

　本宮という所で降りて人力車で中山道を磐梯熱海に向かった。熱海に温泉はあるが伊豆の熱海と違いひなびた村で、その夜は猪苗代湖東岸の宿、山潟亭に泊った。

　猪苗代の辺りは戊辰の戦陣があった所で往事がしのばれ、柴四朗は涙をさそわれた。同行の佐々友房は西南の戦で西郷軍に呼応、戦い敗れた敗軍の将である。

　敗れた者同士、佐々と柴の二人は杯を傾け昔を振返った。

　*谷干城：西南戦争で政府軍として熊本城を西郷軍から死守。のち貴族院議員。

　*佐々友房：熊本藩士の次男。対露同志会・大同倶楽部。対外硬・国憲論を主張。

　翌早朝、一行は磐梯山に上り前年に大爆発をした噴火の跡を見物した。

　その噴火で、戊辰戦争さなか会津に攻め入った谷干城が泊った檜原村、長坂村も村民を喪っている。長坂村は噴火のさい百人以上が圧死、そのうえ岩瀬川が決壊、洪水で家や田畑が流されるという惨状であった。「天なんぞこの村民に無情なるや」災害の大きさに誰も言葉がない。

その晩ふたたび山潟亭にとまり翌朝、出迎えの人たちと会津若松に向った。途中、十六橋にさしかかり白虎隊士の死を悼んだ（『明治の兄弟　柴太一郎、東海散士柴四朗、柴五郎』）。

参考：『日本史辞典』1908角川書店 / 『明治日本発掘』1994河出書房新社

2014.10.11 ────────────────────────────

星松三郎とその夫人（宮城・高知）

『名士名家の夫人』（須藤愛司（霧山）1902大学館）は、女性の手腕・能力を誉めているわりに、〇〇夫人、△△の娘としか書かれてない女性もいる。

「家の制度」が当り前の時代、女性は活躍してもフルネームでなく、誰々の妻、何某の長女などと表記されることが多かった。お家大事だった。

しかし今、「家」どころか「墓」さえ棄てられている。〝あいつぐ墓の大量投棄〟がNHKで放送されていた。すし詰め、立ち並ぶ数え切れない廃墓石、家の制度が壊れていくスピードが目に見えるようだ。少子化の現代、この先が思いやられる。

ところで、すぐに答えがでない問題は置いといて、家が尊ばれ、家父長が巾をきかせていた時代でも、仕事と家庭を両立、夫に大事にされた女性はいた。

星夫妻は、国会議員の夫が子どもの面倒を見、妻の仕事を応援、ホテルのパーティでは人目を気にすることなく妻に飲み物を運んだりやさしかった。今ではそう珍しくない光景だが、明治期には笑われたらしい。

何しろ次の引用文、お終いは「呵々」。わざわざ、呵々大笑の〝呵々〟大笑いを附け加えているのは編著者の嫌み、それとも世間一般の風潮？

＜星松三郎と其夫人＞

――星松三郎君の細君は、東京女学校の教師にして頗る秀才の聞こえあり。校内における生徒間の評判もよろしき方なり。

居常内政の術に巧にして、又君に仕えて頗る親し。君に帰してより以来幾人の子女を挙げられしが、その教薫は皆、夫君一人にて所弁し居り、夫人には毫も内顧の憂いを致さする事なしと。而して夫人には専ら教鞭に力を尽くさせつつあり、君は元来細君には親切の方にしてなかなか注意周到なり。

去る一昨年の天長節の折等は、君、夫人と共に帝国ホテルの夜会に出席せしが、君は頻りと細君の処に種々の品物を持ち運びつつありしとか、人の妻となってもかく親切にせらるは実に幸福なる次第なり。これ即ち君が夫人の徳高きの故ならんか、呵々（『名士名家の夫人』須藤愛司1902大学館）

星　常子（高知県）

高知県土佐生まれ。片岡常子。女子教育家。

17歳で高知女子師範学校入学。1884明治17年、東京女子師範学校（のち高等師範学校）入学。1886明治19年、高等師範女子部にすすむ。

"学生時代のエピソード"

校長の川上彦治は女子も男子も同様に扱う主義で、女子も雪の降る時でも立たされた。同級生13人中に教育家・社会事業家の**野口幽香**がいる。

女子学生の髪形は銀杏髷か唐人髷だったが、生徒同志で結い合うので書生風になり生意気に見えたらしい。舎監から島田髷にするようにと注意されたことも。

舎監中に、会津の山川浩・健治郎兄弟の姉、山川二葉もいた。

金曜日毎に夜会があり、西洋人や貴族を招待して、夜中までピアノの伴奏で踊った。

*野口幽香：華族女学校（女子学習院）教授。明治33年、二葉幼稚園を

東京麹町に開設。保育事業にあたった（日本における託児所の最初）。

1890明治23年卒業。東京府立第二高等女学校の教師、献身的で勤勉と評判だった。

1896明治29年6月15日明治三陸地震津波に義援金。横浜毎日新聞記事によると、常子も長女・愛子も各1円を寄付。

1903明治36年『家事教程』（星常子・中島與志子共著1903東京六盟館）上下2巻出版。内容は、衣食住・看護・伝染病の予防消毒・育児・教育・養老・家計・経済など。

"明治35年頃、常子談"

現時の学制と当時の学生を比較すると、華美に流れ勉強に熱心でないようです。

もし、今日社会でいうように、堕落した生徒があるとしたら、その罪は家庭にあるのではないか。また女学生の堕落が事実とすれば、まづ男子の方に改良すべき点が多いでしょう。女子はどうしても男子の嗜好に伴うものでして……

性格は、*小さい時に父母に死なれ家庭の味を知らないせいか、物事に冷淡だとよく人に言われます。理科と数学が好きで文学などに興味がなく、理性に優れてるのは悪くないが、女には感情に美しいところが無くてはならぬと注意されたことがあります（『名士名家の夫人』中島益吉編1907読売新聞）。

*小さい時に父母に死なれ：常子は家庭を持つまでは土佐の同郷、谷干城子爵家に世話になっていた。星の前妻が死去したあと再婚。夫が病没（時期不詳）したあと、小学生の長男を頭に5人の子を育て上げた。

谷干城：土佐藩出身・軍人・政治家。西南戦争で奮戦。国粋主義的立場から藩閥政府を批判。

星　松三郎（宮城県）

1856安政3年5月、宮城県陸前登米郡佐沼町の呉服商・島屋松治郎の第七子。

英語・漢学を学ぶ。

1870明治3年、佐沼で設立された公愛会の通信員として、上京しては大隈重信と面談、自由民権を唱えるようになる。

1875明治8年、故郷が水害に遭うと家産をつぎ込み窮民救恤にあたった。勧業世話役、衛生委員、学校世話役など公共事業に力を入れ、出費もした。

1877明治10年、西南戦争に際し、木綿百反を陸軍省に献納。

1881明治14年、北海道に渡り300万坪の原野を開拓、経営。

政変で大隈重信が下野、改進党を組織すると積極的に参加。後に袂を分かつ。

1882明治15年、東京市芝区伊皿子に居住し呉服店の支店を横山町と弥生町に開く。

1884明治17〜19年の間、前後二回、日本全国を周遊。

民情、経済を観察。これを編集発行し内閣に提出、民間に頒布した。

1885明治18年、東京市芝区市会議員に当選、以来8年間つとめる。

1886明治19年、ヨーロッパに渡り政治経済を学ぶ。代議政体の運用を研究。

1888明治21年、帰国。

1889明治23年、芝区より東京市会議員に。以来、数々の公職を歴任。

　7月、第一回総選挙あり。親族の反対を押しきって宮城四区から出馬、落選。

1898明治31年8月、臨時総選挙に東京府第二区から出馬し当選。

商人出身の政治家として経済政策をとった(『立身致富信用公録』1902国鏡社編)

実業界においても、品川電灯株式会社専務取締役その他、帝国水産、日本織物、山本セメント、宮城商業銀行などの重役。公共事業で何度も銀盃や褒賞を受けた。

仙台東7番町、石巻鰐山に別荘を設けて交遊の地とした(『宮城県国会議員候補者列伝』藻塩舎主人1890晩成書屋ほか)。

1906明治39年4月18日、死去。

参考：『名士名家の夫人』中島益吉編1907読売新聞社より。学生時代と後年。

北海道大学育ての親、佐藤昌介とその父、佐藤昌蔵 （岩手県）

「星松三郎とその夫人」でレディファーストを実行する星を進んだ男と思ったが、明治期は笑いの種になったらしい。海外に留学または公務で出張のときは仕方がないが、帰国すれば男社会、レディファーストが何だとなる。

───駐米公使・栗野慎一郎がアメリカから帰朝した時に、妻君が神戸で汽車に乗ろうとして、栗野に向かい「あなた手を取って頂戴な」と言った。すると栗野は「馬鹿ここを何処だと思う。日本だぞ」と叱り飛ばしたそうな（『独笑珍話』より）。

「ここは日本だぞ」の『独笑珍話』（嬌溢生1907実業之日本）は、外交官はもとより政治家、官僚、実業家、庶民まで週刊誌的ネタ満載。

「知名人で厳格なる面貌にて天下に活動している各界人の珍談、失敗」を面白おかしく描き、学者も俎上に。

───札幌農学校（北海道大学の前身）からは随分奇傑の士が出ている。農学を修めながらまるで方角違いの職業に就いている者が大部分であるのは一奇だ。

1897明治30年第一回卒業生で荒川重秀は船舶司検官から文士俳優に、第二回の内村鑑三、第四回の志賀重昂などは誰が見ても農学士に適当な仕事を遣っているとは思えない。

第一回卒業生・佐藤昌介は札幌農学校校長を勤めているが、彼は農業経済が大得意で評判もよろしい。新渡戸稲造は第二回の卒業生じゃが、在学中も英文の達者なことは有名であった……出身者に教育家が多いが、

教科書収賄事件に関係した者は一人もない。

　金や女のしくじり話や奇談豊富な『独笑珍話』だが、前出「札幌農学校の卒業生」では真面目を評価。面白話の合間に教科書疑獄（明治35年教科書採用をめぐる贈収賄事件）をあげるなど幅広い。著者・嬌溢生はもしかして複数人か。

　ともかく卒業生中、**佐藤昌介**が東北出身でその父**昌蔵**も興味深く、父子を見てみたい。

佐藤　昌介

　1856安政3年11月、**陸中国稗貫郡里川口村**に生まれる。父は佐藤昌蔵は盛岡藩士。

　1863文久3年、盛岡藩・揆奮場に入り文武両道を学ぶ。父はここの学頭を勤めた。

　1868慶応4年／明治元年、戊辰戦争。

　父・昌蔵、「勤王の志」抱くも藩に従い秋田を転戦。

　1869明治2年、戦が終わり父が藩用人となり盛岡に移転。翌年、藩の作人館で学ぶ。

　1871明治4年、父に従い上京、**「共慣義塾」**また小笠原賢蔵に入門、英語・数学を学ぶ。

　1872明治5年、横浜に行き、星亨とアメリカ人ブラウンの英学校入学。

　1874明治7年、東京・外国語学校英語科に入学。

　1876明治9年、卒業。**札幌農学校教頭＊クラーク**が東京に生徒を募集しに来、これに応じて友人6人と北海道に渡り、札幌農学校に官費入学。

　クラークClark：アメリカ・マサチューセッツ州立農家大学校学長をへて、北海道開拓使の招聘で来日。キリスト教精神の教育は**内村鑑三**らを生む。帰国時の"Boys, be ambitious"は有名。

　1877明治10年、アイヌ人の案内で生徒10人で石狩原野の地形山川の形状を見、その後も江差福山七重地方を踏査。

　札幌農学校では、農学・理科などの専門学科だけでなく広範囲にわた

る近代的教育、キリスト教にもとづく人格教育が行われ人材を輩出。昌介もクラークの薫陶を受け、キリスト教に入信。

1880明治13年、卒業と同時に開拓使に奉職。

1881明治14年、稲田陽子と結婚。アメリカ留学、ジョンスホプキンス大学で農業経済および農政を研究。

1886明治19年、帰国。

札幌農学校教授となる。以来、昭和5年まで教授、学長、総長を歴任**「北大育ての親」**といわれる。佐藤昌介が、学校と離れていたのは洋行した時くらいであった。

1930昭和5年、退官。

1939昭和14年、死去。83歳。

佐藤　昌蔵

1833天保4年6月15日、**岩手県稗貫郡花巻**で生まれる。

号は花巻城にちなみ十八城。同藩の松岡圓平に入門、漢学を学ぶ。

盛岡藩士。郷里花巻にいて御取次という役を務めた。

1849嘉永2年頃、藩主の廃立問題に絡み、昌蔵は硬論を唱え罪になるところだった。

藩の重臣目時は昌蔵の才幹人物を愛し、目付に抜擢、盛岡詰めにした。

1868慶応4年、奥羽列藩同盟に盛岡藩も加わるが、昌蔵は勤王論を唱えた。

同盟の不可を論じ、「鎮撫総督府の命は勅命に等し、故にわが藩はよろしく九条総督の命を奉じ、同盟に抗して勤王に終始せよ。もし仙台藩攻め来らば花巻城でこれを防ぎ、孤忠を守り南部武士の面目をたてん」と建議。しかし藩は同盟に決し、秋田に進撃。

戊辰戦役に失敗した盛岡藩はその善後策に窮し東次郎を挙用。

東次郎は勤王の士を抜擢、昌蔵は城中勤番になり、藩主父子が東京に召還されるや勤王藩士として従った。維新後、感ずる所あり、耕作に従事し平民籍になる。

1869明治2年、盛岡藩権少参事兼公用人として東京に駐在。

　1871明治4年、廃藩置県で盛岡県がおかれ盛岡県権典事に任用される。5年、免官。

　1874明治7年、台湾征討事件が起こると、東次郎と上海に赴き大陸方面で活躍。

　事件落着後も上海にいて中国の内外の事情を探った。

　1875明治8年、帰国。故郷に戻り青森県勧業課長として出仕。

　1877明治10年、岩手県庁に転じ、南部利恭の新撰旅団募集に力をかす。

　1881明治14年、西東磐井郡長。同18年、茨城県庁に転じ、郡長など歴任。

　1889明治22年、退官して郷里に帰る。恭教社を起こし農業の振興をはかる。

　1890明治23年、国会開設。第一回総選挙。岩手県より出馬し当選。

　前後10年衆議院議員として国政の場にあった。

　1915大正4年11月30日、83歳没。

　墓は稗貫郡大田村昌歓寺にあり、碑文は子の昌介の撰、篆額は西園寺公望の書。

　参考:『北海道人物誌』(岡崎官次郎1893北海道人物誌編纂所) /『日本人名辞典』三省堂 /『岩手県国会議員候補者列伝』1890三省書店 /『岩手県国会議員列伝』1889哲進堂 /『興亜の礎石』1944大政翼賛会岩手支部 /『日本帝国国会議員正伝』1890田中宋栄堂 /『明治新立志編』1891鐘美堂

2014.10.25 ──────────────────────────────

ああ小野訓導、小野さつき (宮城県)

　<道徳を「特別教科」16年度にも検定教科書導入> (2014.10.22毎日

新聞）

「教材は検定教科書が適当としながらも、郷土資料など地域による多様な教材の併用を求め」があった。道徳というと身構えてしまうが、地域を知るのはいいと思う。

郷土の誇りを記すとなれば、優れた業績やいい話に偏りそうだが、書き残さないと。埋もれてしまえば無かった事に。それに物事が盛んになると批判や反対が出、これはこれで残り、偏りがいくらかは少なくなるかも。

ところで、道徳修身を指導したのは小中学校の先生、訓導である。

訓導は1873明治6年から戦後の教育改革にいたる小学校の正規の職名で、戦前の修身の教科書には「殉難の訓導」が載っている。

たとえば、関東大震災に遭い御真影を死守した先生、身を犠牲にして生徒を救った先生。その「殉難訓導」で最も有名なのが小野さつき訓導。

小野　さつき

1901明治34年6月14日、宮城県刈田郡福岡村、小野政治の次女として生まれる。

7歳で中岡小学校入学。

3年生のとき、福岡小学校と合併したので通学に往復一里、冬場は大変だった。

1916大正5年、地元の**白石町立実科高等女学校**入学。7年、卒業

1918大正7年、**宮城県女子師範学校**入学。官費生で寄宿舎にはいる。得意は裁縫・図画・数学で体操は水泳ほか運動助手をした。

1922大正11年、卒業。

　3月31日、志望により刈田郡宮尋常小学校訓導を拝命。九級下俸40円。

学校職員は男子8名、女子5名。受持児童は66名。学校近くに間借りし自炊。

初給料でビスケットを買い在学中着ていた筒袖で母校を訪ねる。

化粧もせず、同窓会へも筒袖で出席するなど驚くべき質素の人。性格

は表裏がなくサッパリ、しっかり者で同窓生から頼りにされた。

　愛読書は、教育書のほかに＊厨川白村著『象牙の塔』、雑誌『思想』『婦人公論』。

　＊厨川白村：英文学者。東大でラフカディオ・ハーン（小泉八雲）に学び、幅広い分野で活動。

<ああ小野訓導>

　1922大正11年7月6日、皇太子が北海道巡啓のため白石駅と北白川駅の間を通過する際、児童を引率して奉迎した。そのときいい景色をみて写生の授業を思いついた。

　ちなみに、鉄道は白石川に沿い、日露戦争時、戦地に赴く兵士たちの汽車が通ると、村人は川岸に並んで小旗をふって万歳を叫びながら見送った。それで白石川を万歳川とも。

　翌7月7日、5時限目の図画の授業は写生にして野外へ。受持の4学年男女56名を引率、昼12時45分学校を出発、白石河畔に向かう。

　写生に出た日はとても暑かった。生徒が泳ぎたいとせがむので、さつきはやむを得ず許可、危ない所に行かないよう注意を与えた。子らは膝くらいの浅瀬で遊んでいたが3人が裸になって水中に飛び込んだ。対岸に泳ぎ渡ろうとしたが危険な場所にはまってしまった。

　さつきは助けを求める児童に気付くと、着衣のまま川に飛び込み2名を助けた。もう一人助けようとするのを児童らがしがみついて引き留めるが、それを振り切り、再び川に飛び込んだ。溺れる男児に近付くと絡みついてきた。そのため思うように動けず、二人はそのまま渦に巻き込まれ、流されてしまった。

　悪い事に事故が起きた時、昼食後の午休み。畑に農夫はいず、川で漁をする者もいなかった。助けてくれる大人が近くにいなかった。子どもたちが泣き叫びながら助けを求め、捜索の人々が多勢駆けつけたが、間に合わなかった。

　川岸に横たえられた22歳の女子と13歳の男児、二人の遺骸を前に数

百の村人が涙した。天の川で男女が邂逅すると伝えられる7月7日七夕の日に若い娘が命を落とすとは。

　7月14日、宮小学校において村葬。各界から弔辞、弔歌、弔、弔電が寄せられた。

　故小野訓導を葬る日

　　（棺につながる）縁の綱を握る故小野女史生前の教え子

　弔旗は風に翻り三千余名の会衆皆泣く

　ああ永久に鎮む妙操大姉の霊

　小野さつき死後、数々の表彰があった。

　鎌田栄吉・文部大臣、力石雄一郎・宮城県知事、佐藤静治・刈田郡長、＊沢柳政太郎・国民教育奨励会長、徳川達孝・日本弘道会会長。

　沢柳政太郎："科学・数学女子、女性初の帝大生・黒田チカ"P30参照

　社会の反響は大きく、各新聞は事蹟を伝え、殉職訓導小野さつき女史を賛美してやまない。映画が製作され東京本郷座で舞台にもなった。これら賛美一辺倒の世間だったが、次のような冷めた目もあった。

　＜小野訓導の死＞『真実の鞭』より。

　———世人は挙って女子の殉難を美しい死として悼んでゐたが、私には単にそれだけで、女史の死を葬ることはできなかった……考うるにあの場合、女史の心頭には咄嗟にあらゆる責任感が一時に激発されたのではなかったか……私は深い痛ましさ憐らしさを、女子の死に認めずにはゐられない気がする。

　若し此処に女子が二人目を救助しただけに止めて、存命してゐたならば、どういう結果になったか、それを見ると慄然とするものがあったからだった……自分の力で能う限りの事はし尽くしていた。

　しかし存命してゐたとすると、飽くまで女史は最後の一人を見殺しにした事になるのであった……女史は一人自分ばかりでなく、学校名を傷つけ、その父兄の怨嗟を買ったに違いなかったと思う。此の死の一線前の女史の世界は、実に冷酷な惨しいものでなければならなかった……

　賛美する世間こそ、死に駆けらしめた軽浮な一面を持っている……酸

鼻な死！　私はそれを女史の死に感ずる。あの事件の顛末を探れば探るほど、自ら死について行ったような女史の殉難を、こうした世間の前に私は悲しく思う。

　参考：『噫故小野訓導』1922刈田郡教育会 /『烈婦小野訓導』1922 中田武雄 /『殉職訓導小野さつき女子』1922宮城県教育会 /『真実の鞭』鷹野つぎ子1923二松堂書店

2014.11.01 ——————————————————————————————————
柔術から柔道へ、講道館四天王

　2020東京オリンピック開催が決まりよかったと思いつつも、東日本大震災の復興工事の進み具合に影響があると聞けばため息が出る。難しい問題だ。

　ところで、日本最初のIOC（国際オリンピック委員会）委員は***嘉納治五郎**、オリンピック創始者クーベルタンのすすめで就任。

　嘉納治五郎：明治期の教育者で、柔術諸流派（江戸時代には多くの流派が存在、呼び名も柔、柔術、体術など）を統合、体育的に構成した**講道館柔道**の創始者。

　1912明治45年、第5回ストックホルム大会。嘉納は選手2名を率い初めて参加。

　1964昭和39年、初参加から52年後、東京オリンピック大会。柔道はスポーツとして種目の仲間入りをする。

　嘉納の講道館、最初の門人は**西郷四郎**。

　講道館四天王の一人で、長編小説『姿三四郎』のモデルといわれる。小説は明治20年前後の世相を背景に一青年の成長を描いた柔道物語、人気をよび映画にもなった。

　『姿三四郎』著者・富田常雄の父、**富田常次郎**もまた四天王の一人。四天王あと二人は横山作次郎と山下義韶（よしあき）である。近年、柔道の

イメージは心ない事件のせいで残念なものがある。こんな時、明治の講道館四天王を思い返すのはどうだろう。

西郷　四郎 （新潟県/福島県会津）

　1866慶応2年2月4日、会津藩士・志田貞二郎の三男として若松に生まれる。

（1867慶応3年、四郎は新潟県津川町の篠田家に生まれる説もある）

　1868慶応4年、戊辰戦争。家族で津川（新潟県阿賀町）に移住。

　1881明治14年、四郎、西郷頼母の養子となる。実子という説もある。

　四郎を養子にした西郷頼母は、戊辰戦争が起こると「恭順するよう」進言したが、入れられなかった。しかし、西軍が白川口に迫ると、みずから会津軍の総督として戦うなど活躍。なおまた、会津若松城が囲まれたときは城外に打って出、なお抗戦。そのさい屋敷に残った西郷頼母の家族21人が自刃という悲劇がおきた。家族を喪い、孤独のまま戦い続けた悲運の人である。

　維新後、一時幽閉されたが赦され、福島県伊達郡石田村（伊達市）の霊山神社に宮司として奉職。四郎を育てた。

　1882明治15年、四郎上京。陸軍士官学校の予備校であった成城学校（新宿区原町）に入学、天神真楊流柔術の井上敬太郎道場で学ぶ。その節、同流出身の嘉納治五郎に見いだされ、講道館へ移籍。

　はじめ軍人を志したが身長150cm、体重50kg弱という小柄のため断念。

　1883年明治16年、初段を取得。

　1886明治19年、警視庁武術大会で講道館柔道が柔術諸派に勝ったことにより、講道館柔道が警視庁の正課科目として採用され、現在の柔道の発展の起点となった。

「小兵よく大兵を制す」

　必殺技"山嵐"をあみだし、小柄ながら柔術各流派の強豪を破って講道館の名を高め、嘉納治五郎の外遊中には師範代をつとめた。

四郎は小柄な体で100kgをこす巨漢を大技・山嵐で投げ飛ばし、投げられても投げられても、猫のように身をひるがえし立ち上がったと言われる。

　柔道には、力弱いものや体力が劣るものが強者を投げとばすという、小気味のよさをもって語られてきたところがある。

　1897明治30年、講道館を去り中国大陸に渡り各地を転々とするも志を得ず帰国。

　1904明治37年、日露戦争。

　満州で義勇軍を組織、また孫文の辛亥革命を支援。

　？年、長崎へ。福島県出身で明治・大正期のジャーナリストで天佑侠を組織した鈴木力（天眼）の『東洋日之出新聞』の経営に参加したが失敗。天眼は、四郎を「純真の武士的志士」と評している。

　1922大正11年12月22日、病気療養のため滞在中の広島県尾道で死去。享年56。

　翌年、講道館は西郷四郎に六段を追贈。

富田　常次郎 （静岡県）

　1865元治2年、静岡県で生まれる。

　1882明治15年、講道館入門。得意技は“巴投げ”同門の四天王と柔術各派をやぶり、講道館柔道の基礎を築いた。

　1887明治20年、郷里の韮山に講道館分場をもうけて柔道の普及につとめた。

　1891明治24年、学習院師範として生徒の柔道を天覧に供した。

　1904明治37年、渡米して柔道を宣伝した。講道館八段。

　1937昭和12年、死去。

　富田常次郎の子、**富田常雄**が書いた『姿三四郎』は1942昭和17年に第1部を出版。好評で第3部にあたる『柔』は1944昭和19〜20年まで書き継がれた。

　敗戦後初の直木賞を受賞。以来、現代物、時代物、得意とする開化

物などの各分野で、はばひろい活躍を続け、健康的な大衆作家として知られる。

山下　義韶（やました　よしあき）（神奈川県）

　1865 慶応元年、神奈川県小田原で生まれる。

　1884 明治17年、講道館入門。

　1885 明治18年、警視庁武術大会。

　講道館と揚心流の他流試合となった武術大会。三島警視総監・嘉納治五郎らが居並ぶなか揚心流の強豪を破り講道館は全勝、名声をあげた。

　1896 明治29年、警視庁武術大会の縁で警視庁師範となる。

　1903 明治36年、アメリカの鉄道王ヒルに招かれ渡米。

　3年間滞在の間に、ルーズベルト大統領に柔道を教え、ハーバード大学、アナポリス海軍兵学校にも招かれるなど全米に柔道の名を広めた。

　1934 昭和9年、九段。

　1935 昭和10年、死去。十段を贈られる。

横山　作次郎（東京）

　1869 明治2年、東京生まれ。

　1884 明治17年、講道館に入門。

　払腰・足払・横捨身などを得意とし、柔術各流派の挑戦を受けて全勝し"鬼横山"と恐れられた。

　1888 明治21年、警視庁師範。

　1904 明治37年、七段。

　1908 明治41年、『柔道教範』のち、大島英助共著『柔道新手引』など出版。

　1912 明治45年、死去。八段を贈られる。

　参考：『福島県民百科』1980 福島民友新聞社 /『コンサイス日本人名辞典』1993 三省堂 /『民間学事典・事項編』1997 三省堂 /『日本武道史』1943 横山健堂 / ウイキペディア

忘れられた図書館人、青柳文蔵 (岩手県/宮城県)

　筆者にとって、昔より今がいいと思うことの一つが図書館が身近になったこと。地元の図書館は、まるで離れの書庫のよう。また、大学図書館には読みたい本がたくさんあり、泊まりたいくらいだ。旅先の駅前図書館とかもいい。

　だいぶ前、青森県の浅虫温泉へ行った。まだ、新幹線が青森直通でなく、八戸で在来線乗換え、待ち時間がけっこうあった。一服するという夫をおいて、八戸駅前の小さな図書館に入った。どのくらいいたったろうか、娘からメール、「父が待ちくたびれてるよ」。慌てて外に出た。

　メールは青森と東京を一瞬にして結ぶが、本はそうはいかない。そこにしかない本や資料がある。現代は蔵書検索が自宅で可能、そこにしかない一冊が判る。しかし、江戸時代は難しかった。

　個人蔵の本を閲覧するのに金が要ることもあり、貧しいと読めない。そうした時代に、困苦から身を起し図書館を開設、世に貢献した人物が東北にいた。磐井郡松川村(現岩手県一関市東山町松川)出身、**青柳文蔵**である。

青柳　文蔵

　1761宝暦11年9月25日、仙台領奥州磐井郡松川村で生まれる。

　父・小野寺三達(静幹)、母・もとの三男。字は茂明、号は東里。

　幼いころから読書を好み、少年期には『論語』や『史記』を夢中で読み、絶句を賦した(作った)。物事に動ぜず、言論を好む負けず嫌いで、論破されると「燕雀安くんぞ鴻鵠の志を知らんや」などと言い返していた。父はその気性を愛して医業を継がせようとした。

　1776安永5年、父は文蔵を同業の登米郡の名医、飯塚芳安に弟子入りさせた。

　あるとき文蔵は師に所得を尋ね、年間500両と聞くと、患者のために

寝食を忘れて働いてもそれだけかと、勝手に弟子をやめ家に帰ってしまった。父の三達は不遜な文蔵を怒り、父母に恥をかかせたと勘当。

1779安永8年、文蔵はわずかに300文をもって江戸に向かう。

勘当が解けるまではと小野寺の姓を名乗らず、以後、父の生家の青柳を名乗る。

?年、駒込在住の井上金峨に入門したが、師の金峨は貧しく文蔵を養えなかった。学問をするにも資産がないとだめだと悟った文蔵は、所得を得ようと医家、武家、商家を転々する。

1784天明4年、師・井上金峨、父・三達も死去。

1800寛政12年、このころまで句読(子どもに読み書きを教える)私塾にいた。

1802享和2年、*公事師になる。

公事師:江戸時代の訴訟代理人。彼らは三百代言などとよばれ、幕府はしばしば禁令をだしたが効果はなかった。明治維新で廃止され、明治6年、代言人の制により、代言人となる者が多く、のちの弁護士の前身となった。

1803享和3年頃、文蔵は市井の人々の間で暮らしていた。

ある商家が浅草の俠客に金を奪われそうになったと聞き、解決を買って出る。

委託書をもって商家の代行をし脅され負傷したが、ひるまず解決、報酬を得た。42歳にして初めて金2朱の米を買う。

一躍、有名な公事師となった文蔵は、金融や訴状の書式にも詳しく、弱者の味方として市井の人々を助けたので頼みに来る者が多かった。文蔵は「十余年にして多くの謝金を得る」に至り、貧者には無報酬で事に当たった。また、倹約して紙一枚も無駄にせず財を増やし書籍を買い求めた。

1810文化7年、文蔵50歳。「人生百半ばにして後事を経理せずば、死生の理に達する者にあらじ」と、妻と合葬の墓を建て、寺に寄進をした。

妻は新倉氏、男児を生んだが6歳で夭折、のち養子を迎える。

1821文政4年、肖像画を描かせる。

1829文政12年3月、文蔵69歳。

　これまで蓄えた書籍を多くの人に読んでもらうため仙台藩に、書庫を作り蔵書2万巻を献じて公開することを願い出。城下の中央、百騎町の医学館の地百余坪を賜る。

　はじめ、仙台藩や水戸藩の圧迫を受けたという。教育を重視し、学校や図書館建設に乗り出したからのようだ。近世から近代への転換点にあった**「青柳文庫」**、仙台では藩が運営する公共図書館、江戸では私立図書館の名称となる。

　1831天保2年7月、書庫の土蔵ができあがり目付二人が配され、青柳館文庫公開となる。以後、文庫は明治維新まで続けられた。

　文蔵は記念碑を建てることにして、儒学者・松崎慊堂（こうどう）に碑文を依頼。慊堂は文蔵と酒を酌み交わし会談、文蔵の志の高さに驚き、人となりに感心、誉めている。

　ちなみに、青柳館文庫の基本金は、金千両を藩に献じて、松川村に米蔵を建て、米4千石を蓄え、藩の役人により米を貸し付け、利益で文庫の修理などにあてることとした。

　この青柳蔵は、天保年間の恐慌の時に破壊し、文庫費用、米の貸し付けも廃された。しかし、仙台の青柳文庫は、医学館付属として藩費で明治維新の際まで持続したのである。

　1834天保5年、天保の大飢饉。このころ文蔵、病む。

　1838天保9年、文蔵は藩主に謁見、十人扶持を賜る。

　父の故郷、摺澤村に援助資金貸付け故郷に錦を飾り、墓に詣で大法会を行う。

　1839天保10年3月14日、文蔵江戸で没す。享年78。

　生涯すぐれた読書人であった。

　この年、蛮社の獄、天保の改革があった。明治維新後、医学館は英語学校となり青柳文庫の蔵書は散逸、宮城県立図書館に3千余巻を残すのみとなった。

　参考：『青柳文蔵翁伝青柳館文庫所在目録』1931宮城県立図書館／

『青柳文蔵とその文庫の思想像』1991岩手県当残町東山町教育委員会（編者・仙台市南部に図書館をつくる会）/ 『日本史辞典』1908角川書店

2014.11.15

明治の大金持ち、斎藤善右衛門（宮城県）

"「左官科」の修了式が2014.11.12開かれた"（毎日新聞）

東日本大震災の復興工事などで深刻化する建設業界の人材不足を解消するため、**宮城県立仙台高等技術専門学校**（仙台市）が左官科を5年ぶりに復活させたという。

技能を習得した6人は「建物造りで復興を手助けし、左官業をずっとしていたい」と決意。こうした若者、それを支え応援する人たちには心を動かされる。

心を動かされといえば、テニス錦織圭選手の大活躍が日本中を湧かせている。今夜（2014.11.15）のツアーファイナル準決勝が楽しみ。こんな日本人がいるのかと驚くばかり。

ところで錦織選手の進出と共に増える賞金にも目がいくようで、お金の計算をテレビでやっている。他人のお金、余計なお世話と思うが、気になるらしい。選手や芸術家は、自分の技術、能力を磨いて得たお金だから多くてもいいのではと思う。

ところで生まれつきお金持ちという恵まれた人もいる。明治・大正期に、**斎藤善右衛門**という大金持ちが宮城県にいた。

生まれつき裕福、しかも理財に長けて財産はふえる一方、よく言う人は少なそう。あまり興味はないが、「戊辰戦争に軍資金を寄付して出征」が気になって見てみた。

斎藤　善右衛門

1854安政元年、仙台藩領桃生郡前谷地村黒沢（石巻市）に生まれる。

父・善次右衛門は先祖代々の豪農で地主・酒造業で財をなし、献金により仙台藩の中級武士である「大番士」身分を与えられた。戊辰戦争に軍資金一万両を献じて従軍したが、白河で戦死。

　1868明治元年、善右衛門は14歳の若さで家督を相続。

　家政を叔父に托し、藩校・養賢堂に入学。学を修める傍ら、経史、戟剣を学んだ。

　1870明治3年10月、帰農。

　後見の叔父、廉吾とはかり、扶助米12石5斗秩禄を奉還して帰農を願い出る。藩主はこれを許し、短刀一口を賜る。土着後は家庭教師を招聘して学術を研修したが、自らは福澤諭吉の著書を耽読し、政治経済などの研究に傾倒した。

　1871明治4年、前谷地村村長に公選される。

　1874明治7年、戸長を辞職。

　1875明治8年、関西遊歴。

　各地の人情風俗を見たり、商売上の知識を得ようと修養の旅にでる。家業の酒の販路を広げようと酒造家を歴訪していたが、母が病気になり帰郷。しかし間に合わなかった。

　1879明治12年、自作農を廃す。

　1880明治13年、宮城県会議員に当選するも、病と称して辞退。

　1881明治14年4月～6月、再び関西再遊の旅にでる。

　1882明治15年、質屋業を改めて、金穀貸付を専門にすることにした。

　1883明治16年4月、また、周遊の旅に。

　1889明治22年、酒造業廃止。

　斎藤家の酒造業は百数十年間これを経営し、同家富の一大源泉であったが、政府の酒造取締りや自家の酒の需要が減ったことなども理由らしい。

　1890明治23年、川崎銀行が設立した土地会社・山口店から田地約660町歩を一括して買い取り、東北随一、千町歩地主に成長した。

　この取引については当時、日本銀行総裁の富田鉄之助の意見をきいている。これらの詳しい経緯は『斎藤善右衛門翁伝』に詳しい。

この年6月、貴族院多額納税議員候補者となり、仙台の富豪・金須松三郎と対抗したが一票差で敗れる。当時、収めた直接国税は2614円79銭5厘、県下第一であった。

1892明治25年、衆議院議員に当選。

しかし、政界の内情を知るに及んで翌年末辞任。

この年、家訓『土地管理心得書』を定め、小作地管理・小作契約の近代化を進めた。善右衛門は投資の手腕があり理財の天才といわれ、事業の見込み外れをしたことがない。

1894明治27年、貸付のことで告訴され収監され、新聞を賑わした（福島事件）。

その他、石塚事件、大谷派本願寺財政整理、箱清水前山国有林下戻などが『斎藤善右衛門翁伝』に載っている。

1901明治34年、育英貸費事業を開始。

1909明治42年、全財産を挙げて金融会社・斎藤株式会社設立。数え年53歳。

この年6月、東北大学図書館建築費に5万円寄付。

1921大正10年、学術振興に寄与する目的で財団法人**斎藤報恩会**設立。

1924大正13年、仙台信託株式会社創立。

1925大正14年7月25日、死去。享年72。

参考：『明治時代史大事典』2011吉川弘文館／『斎藤善右衛門翁伝』1928財団法人斎藤報恩会。

2014.11.22 —————————————————————————

桜井女学校を創立した桜井ちか （東京）

＜明治最初の女流作家・三宅花圃（田辺竜子）＞（2014.7.12）を記したが、そのとき三宅花圃が桜井女学校で学んだことを資料がなく割愛した。それが『明治時代史大辞典』に載っていたので追記、さらに明治初期の

女子教育の先駆けとなった学校、人物を紹介したい。

桜井　ちか

　1855安政2年4月、東京日本橋の平野家に生まれる。

　家は幕府関連の寺社修造などを扱う「神宝方」御用商人。ちかが生まれた当時、平野家はまだ栄えていたが、幕府崩壊とともに困窮。少女期はとても苦労した。

　1872明治5年、数えの18歳。海軍士官・桜井明恵（あきのり）と結婚。

　芳英社、共立女学校などで英語を学んだ（明治4年、文部省布達によると共立女学校は英学のみ）。

　他に、アメリカ人宣教師について英語を学び、やがてキリスト教に近付く。やがて洗礼を受けて信者となり、夫明恵も影響を受けて改宗する。

　桜井昭恵：1845弘化2年生まれ、伊予国喜多郡若宮村（愛媛県大洲市若宮）の神官の長男。しかし、神官になるのを嫌って上京。海軍を退役すると神学校で学び、日本キリスト教会の牧師となった。1883明治16年、北海道で教会を設立。函館相生教会の初代牧師となる。

　1876明治9年、ちかはキリスト教主義の英女学家塾を開設。

　この塾はのちに小学校・貧学校・幼稚園を付設して桜井女学校になるが、最初は男子も交えた寺子屋式の学校であった。

　ちかは「良妻賢母」養成を教育の基盤におきつつ、母親が英語の素養をもつことが家庭教育において子どもに及ぼす影響の重要性をといた。

　1879明治12年、男女別学が制度化される。

　1880明治13年、函館に伝道に赴く夫について行く。

　桜井女学校を矢島楫子に托したが、学校は経営難のようだった。

　?年、函館女子師範学校で教鞭をとる。夫妻の活動は『函館市史』でも見られる。

　1884明治17年、札幌師範学校教諭。

　1886明治19年、大阪の一致英和学校（現在の大阪女学院）設立に協力。

　1893明治26年、教育視察のためアメリカに三回ほど赴く。

1895明治28年、帰国。東京本郷に全寮制の桜井女塾を開設。

家庭的な寄宿舎を作り女子教育に心血を注いだ。英語を中心に教え、西洋料理なども伝授。また西洋料理の普及につとめ、『西洋料理教科書』『楽しい我が家のお料理』など多数の料理本を出版。

1928昭和3年12月19日、死去。享年77。

桜井女学校

1876明治9年、桜井ちかが開設。英女学家塾を始まりとする私立学校。

明治初期、日本の女子教育に先駆的な役割をはたしたミッション系女子教育機関の一つ、現在の女子学院の前身。

キリスト教主義の学校は、男子に比べ制度化が遅れている女子教育の分野に積極的に参加。また桜井女学校は外国人宣教師の手によらず日本人・信徒の責任で創設・維持された。

1879明治12年、桜井女学校と改称。この年幼稚園を開設。

1885明治18年刊『東京留学独案内』「桜井女学校」によれば、

―― 本校ニ於ハ尋常小学科ノ他、女子成長ノ後、家政ニ必要ナル諸件ヲ教授、事物ニ注意シテ節倹ノ方法ニ実験セシム。束脩一円、月謝七〇銭、英学ヲ兼学スル者ハ一円二〇銭、寄宿月俸三円五〇銭。

高等女学校それに類する各種学校へ進学するには、費用を負担できる富裕層や女子の教育に熱心な進歩的な層に限られていた。

1887明治20年、高等科開設。幼児から青年に至る一貫教育の学校として注目された。

1890明治23年、新栄女学校と合併して女子学院と改称。矢島梶子(1883〜1925)が初代院長となる。

学校は女子の英語教育で名を馳せたが、和漢学にも目配りし、西洋化の退潮期にあっても、和漢をふまえたキリスト教女学を体現した学校としても注目された。

次は同年刊行『東京諸学校規則集』<桜井女学校>

―― 第一部(修業年限4年)、国語・英語・聖書・修身学・和漢英文

語学・歴史・博物・地理・天文・教育学・算術・代数・幾何・三角術・習字書学・唱歌・音楽・裁縫・編み物・体操

───第二部（修業年限2年）、英語・聖書・文学・歴史・科学・家事経済・唱歌・音楽・体操・小学教授法実習・幼稚保育法・洋式裁縫

1899明治32年、高等女学校令。

高等女学校は高等普通教育を行い「良妻賢母」を育成する機関とされ、男子中学校より教育内容は低く抑えられ、大学進学は認められてない。

1915大正4年、高等女学校、大正9年に高等科を東京女子大学に統合。戦後、中高一貫の女子校となり現在に至る。

参考：『明治時代史大辞典』2012吉川弘文館/『東京諸学校規則集』1890成分館/『東京留学独案内』1885春陽堂/『コンサイス学習人名辞典』1992三省堂

『日本画　名作から読み解く技法の謎』

ふと、テレビ画面に吸い寄せられる事がある。先だって、画面いっぱいに金色のダイオウイカが踊っているのを目にし、思わず見入ってしまった。そこでオープンカレッジ『深海生物の不思議』を受講。講師は『潜水調査船が観た深海生物』著者、藤倉克則先生。

［深海6500］に乗艦して撮影した富士山を逆さに沈めた位の、云千メートル下の深い深〜い海を、スクリーンに映しだして解説。映像のレジメもあり親切な説明だったが、門外漢の私には初めての事ばかり。説明の半分くらいしか理解できなかった。

それでも、いろいろな生物がいる深海、海底の地形は変化に富んでいるなど、想像以上に豊かな世界なのが判った。［深海6500］探査で、近い将来、新たな食料の確保や大地震の予知ができそう。こういう世界もあるのだ。

「深海生物」の理解が足りないのを理系が苦手のせいにしたが、文系でも解らないものは多い。絵画、とくに日本画はわからない。まして修復の世界など、難しく大変そう。

たまたま、上野の東京藝術大学・陳列館で催されている<美しさの新機軸　〜日本画　過去から未来へ〜　2014.12.3>を見て修復のイメージが変わった。

修復は傷んだものを修理というより文化の復元、復興なのだ。こういう世界があり、それに携わる画家や職人さんたちの困難、付随する学問など想像したことなかった。

繊細で美しい絵、力強い絵など見事な模写を愉しんでいた同行の友人に「雨の中来た甲斐がある。誘ってくれてありがとう」と感謝された。こちらこそだ。興奮が冷めないうちに感想を言いあえるって嬉しい。

ちなみに、<美しさの新機軸>を見学したのは、執筆協力、安原成美さんのご縁。

その日、出版されたばかりの『**日本画　名作から読み解く技法の謎**』（東京藝術大学大学院保存修復日本画研究室監修、宮崎正明・荒井経・鷹野佳世子編著、世界文化社）を購入。薦められて手にしたけど、絵や図がきれいで説明も易しく判りやすく、惹きこまれた。

"面白くてためになる目からウロコの美術指南書"はホント、私も人に薦めたい。

次は『日本画　名作から読み解く技法の謎』から、引用と目次

───　［とらわれからの解放］江戸文化の特徴は、とらわれから解放されたことです。それまでの日本文化は中国から伝播した文化やそれを模倣した受容の文化を基礎として、伝わってきたものをつくり変えることで形成された文化でした。

今でこそ芸術に於てはオリジナリティが重視されますが、昔は形式が決められていて、それに微妙な変化を加えることで新たな作品を生み出していたのです。しかし、江戸時代に鎖国によって人や物の出入りが規制されると……すべて内に籠っていく文化へと一変します。その結果、発酵して

いくような日本独自の文化が誕生したのでした。それまではお手本となる
ものがあったため、ああしてはだめ…… こうしなければいけないという
さまざまな制限がありました。

　鎖国によって外からの情報が遮断されると、今度はああしてみた、こう
してみたい、と自分で考えるようになり、日本文化のオリジナリティという
ものが生まれたのです。ここに、とらわれからの解放をみることができま
す。

　画家たちは様式にとらわれずに創作ができるようになりました。絵の具
の盛り上げと垂らし込みという日本独自の絵画技法も江戸時代に大きな
発展を遂げます。 また、形のとらわれからも解放されました。仏画でも
山水画でも、様式を重んじて形を写す方法が主流でしたが、手本どおり
でなくともよいのだという開放感が新たな造形感覚を生んだのです。

　そして、200年以上鎖国を続けた日本が世界に門戸を開いた時、その
文化は驚きをもって世界に迎えられました。（以下略）

　目　次
　第一章　（名作から読み解く素材と技法）
受容・変容・超越の日本文化 / 絵画の命　色の探求 / 絵画の「骨」線画
の愉しさ / 多彩なる墨の技法 / 光り輝く仏身を描く / 截金 vs 金泥超絶技
巧の競演 / 銀が織り成す幽遠静寂の美 / 彩色裏技 / 表装の裏技 / 神仏の
住処を飾る厨子絵の魅力 / 金箔が生み出すユニークな空間表現
　第二章（よみがえる名画）
模倣と超越 / 隠された図像を読み取る / 世界で共有される失われた文化
財 / 仮説から始まる新たな研究 / 特許技術による絵画複製①壁画の複製
②絹本絵画の複製③板絵の複製
　第三章（誰もが知りたい日本画奥の手）
絵を描く前に絵を仕上げる / スケッチのコツ / 絵づくりと線描 / 技術の応用
/ 彩色のコツ / 箔の使い方 / 色についての考え方
　［日本画論］

①十二支の鼠に学ぶ日本文化②しみ込む文化③目のつけどころ④現地で
絵を描かない理由⑤とらわれからの解放

2014.12.06

星の村天文台とあぶくま洞、滝根町の明治 (福島県)

　先だって、フィギュアスケートNHK杯、**羽生結弦**選手が怪我をおして
出場、賛否両論だったが、エキシビション"花は咲く"を見て思った。

　羽生選手は、**東日本大震災**の被災者、ひいては困難のさ中にいる人々
に励ましのメッセージを届けたかったのではないだろうか。このような応
援もあれば、星の村天文台のように"星"を届ける方法もある(毎日新聞「福
島の星空をみてください」2012.7.19)。

　福島県田村市、星の村天文台は東京電力福島第1原発から最も近い天
文台で、浜通り(海岸沿い)・中通り(奥州街道)の中間付近、高約640m
の空気が澄んだ高原にあり、星空の美しさは折り紙付き。

　天文台も震災で大きな被害を受け休館したが、「絆」と命名した新たな
望遠鏡を得て再開。そして、小型の望遠鏡を持って各地の避難所や仮設
住宅を30ヶ所ほど回り、星の観察会や天文教室も開いた。

　───一般的な観察会は親子連れが多いが、被災地ではおじいちゃんや
おばあちゃん、車椅子やベッドに寝たままの人までもが望遠鏡をのぞきに
来てくれた。木星や土星を見て、手をたたきながら喜んでくれた……星の
美しさは人々を癒やし、心の復興につなげる力を持っていると痛感した。
全村避難となった飯舘村の支援も続けたい (星の村天文台長・大野裕明さ
ん)

　この星の村天文台に隣接して **「あぶくま洞」** がある。

　あぶくま洞は1969昭和44年、石灰岩採掘中に発見され観光鍾乳洞と
してオープンして今に至る。このあぶくま洞や**瀧根村**を明治期の地誌、福
島県案内で見ると土地に歴史あり、平安時代までさかのぼれる。

───本村**大滝根山**の中腹に**鬼穴**と称するものあり。入口2丈余、深さ50間余の所に**千畳敷**と称する広間あり。なお20間余入れば二階と称する所あり甚だ険険なり。

　また**釣瓶落し**いう穴あり。深きこと幾尋なるを知らず石を投ずときは暫くして微音あり。

　伝えいうこの窟は往古、東北の豪賊*悪路王、大多鬼丸など、*田村将軍追討の際、蹙迫身を容るる所なり。逃れてこの穴に潜伏せしものなりと、また近辺に屏風石、羽石などと称する大石あり。懸岩千仞、一臨人をして戦慄せしむ。又平山は金山石灰石にして殆ど無尽蔵なり。

　悪路王：蝦夷の酋長で坂上田村麿に抗した伝説の英雄

　田村将軍：坂上田村麿。平安初期、蝦夷地平定に大きな功績を残した。征夷大将軍の職名は長く武門の栄誉とされた。

　1889明治22年3月以前は菅谷村・広瀬村・神股（又）村。4月から**瀧根村**となる。

　瀧桜で有名な**三春町**を距たること5里余り。戸数400余、人口3千余。物産は米、馬、蚕糸、薪炭、煙草なりとす。特に菅谷大六より産出の煙草は字名が煙草名となった。

　酒も、大正期『東北醸造家銘鑑』によると、滝根村・先崎徳蔵275石、猪狩孫一41石、二人の名がある。

───人情風俗。田村郡の人は性質朴直にして義侠心に富めり、然れども其性情の致す所、大事偉業を企図する者少なく、従って大財産家、大偉人を出さず。又義侠心に富めるが故に常に自己の損益を顧みずして他人を助け、又公共のために尽瘁する事を厭わざるの風なり。従って各自に於ける生計の度きわめて低く、概ね清貧に甘んずるものの如し。本郡の文学美術は大いに発達せるものの如し。*平野金華など……。

　平野金華：江戸期の儒学者。荻生徂徠の門に入り、服部南郭とならび詩文に長じた人物。奥州に生まれたので金華と号した。

───**滝根村**。尋常小学校は菅谷、神又、広瀬にあり。巡査駐在所は神又にあり。社寺は菅谷神社などあるが、入水寺は御朱印付にて殿堂壮

麗近郷に稀なる大寺なり。しかし、有名な翁杉の中腹より発火し全伽藍灰燼となれり。灰中骨および脂の如きものありこれ大蛇なりしならんという。寺の後方に玉滝あり有名なり。

　木村には、つるヶ池、ます池、小野小町の片葉葦などの奇話及び古跡と称するもの数多あり。広瀬に鉱泉あり、打ち傷、切り傷に妙なり。

　参考：『田村の誉』1904遠藤常師・坂本活版所／『最新田村郡小地誌』明治36、1903根本隆治著／『福島県町村沿革便覧』1894遊佐勝司編／『東北醸造家銘鑑』1924田子健吉編東北醸造家銘館刊行会／『福島県案内』1931半崎多七発行古今堂書店

2014.12.13 ————————————————————

日露戦争時のアメリカ公使、高平小五郎 (岩手県)

　ときどき、国会議事堂の向かいにある憲政記念館に展覧会を観に行く。

　ただ、せっかくの原本、史料の展示も漢文の素養がなく明治人の達筆も読めないが、生の史料は刺激になる。

【明治に生きた英傑たち　議事堂中央広間から歴史を覗く特別展】

　自由民権運動の勃興、帝国議会の招集と歩みと指導者たち、板垣退助・伊藤博文・大隈重信……このような展示をただ感心して見るばかりだった。

　しかしある時、憲政記念館の展覧会に東北人が滅多に登場しないことに気付いた。歴史は勝者が記すと聞くが、ここの展覧会もそのようだ。幕末明治の歴史をふり返れば、東北に人物がいなかった訳でなく、戊辰戦争の敗者の側で能力があっても舞台に上がれなかったから、登場していないのだ。

　東日本大震災で酷い目に遭った東北、もう3年9ヶ月たつのに……"被災地の声が届かぬ永田町"（岩手県被災者）が身につまされる。東北から原敬のほかにも首相が輩出していたらどうなんだろう。

国政のリーダーでなく、各国公使・書記官クラスなら東北人も登用されている。

　伊藤博文総理・板垣内務という元勲内閣時代に、オランダ弁理公使、イタリア特命全権公使を務めた東北出身者がいる。日露戦争時、小村寿太郎とともにポーツマス条約に署名したことでも知られる陸奥国一ノ関（岩手県）生まれの**高平小五郎**である。

高平　小五郎

　1854安政元年1月14日、一ノ関田村藩、田崎三徹の三男として生まれる。

　1863文久3年、10歳で藩の祐筆、国学者の高平真藤の養子となる。

　1871明治4年、藩校・教成館から選抜され官費生として上京、大学南校（東大）入学。

　1873明治6年、工部省燈台寮に出仕。

　1876明治9年、外務省入省。

　1879明治12年、グラント将軍前アメリカ大統領来日の際には接伴掛。
　　10月から外務2等書記生としてワシントン勤務。

　1881明治14年、外務書記官。

　1883明治16年12月、外務権少書記官として交信局勤務。

　1885明治18年3月、外務書記官として京城に在勤。

　1887明治20年上海領事。23年総務局政務課長。24年ニューヨーク総領事。

　1892明治25年9月、オランダ駐剳*弁理公使兼デンマーク公使
　弁理公使：特命全権公使の次で、代理公使の上位

　1894明治27年8月、日清戦争。イタリア駐剳特命全権公使。

　1895明治28年、オーストリア公使（スイス公使を兼任）。

　日清戦争後、遼東半島還付の三国干渉を偵知して本国政府に報告、外交界に高平ありといわれた。

　1899明治32年、青木周蔵外相のもとで外務次官。

1900明治33年、外務省官房長官を経て6月アメリカ公使。

　余談。

『現代女傑の解剖』より

――鳩山和夫（政治家・弁護士）がエール大学の学位を受けるにあたり夫人の春子も渡米、日本人夫妻はアメリカで大いに歓迎された。鳩山夫妻はあちこち招待され、その度に春子は日本女性の代表者として女性の地位をあげようと演説、拍手喝采された。

　公使として常に鳩山夫妻と同席、この様を目にしていた高平は春子にちくり一針、

「貴女よ、日本女子の位置を論ずるに先だち、宜しく貴女の夫和夫君の事を顧みられよ。和夫君の艶名は本国に於て嘖々たるものあるにあらずや、己の夫をして攀柳折花の風流あらしめ而して却つて女子の地位を説くは、寧ろ滑稽に値せざるか」

　現代なら高平の一針に対し幾十針も飛んできそうだが、時は明治、著者の九百里外史は春子に追い打ちをかける。

――高平は肯綮（急所）をついている、男女両性は互いに独立すべきものに非ず……高平氏の言は、一場の揶揄に止まらずしてまことに肯綮に中りしものなり」そして和夫の女遊びは春子が余りにお転婆だから嫌気を生じてその慰藉の法を他に求めるに過ぎず

　1905明治38年、アメリカ公使在任中、日露戦争の講和会議に小村寿太郎とともに全権委員としてポーツマス軍港へ赴き、働いた。

　1906明治39年、功により貴族院議員に勅選。翌年、イタリア駐剳特命全権大使。

　1908明治41年1月、アメリカ大使。

　当時、アメリカ国内では移民問題などをめぐって排日気運が高まっていたことから、第2次桂内閣小村外相は高平にたいして「日米永遠ノ和親ヲ維持スル」ために交渉にあたるよう訓令。

　11月、エリュー＝ルート国務長官との間に＜高平・ルート協定＞を締結。

　太平洋における商業の自由平穏な発展や現状維持、清国（中国）におけ

る商業の機会均等、両国領土の尊重など5項目を確認。正式には＜太平洋方面に関する日米交換公文＞、日本はハワイ、フィリピンに対する侵略的意図はないことを明らかにし、中国においてもアメリカとの協調を表明したのである。

───光緒帝と西太后の亡くなった月に日米政府の間に取り交わされた「高平・ルート覚書」といふものは妙なものである（『挑むアメリカ』などの他、様々な立場から書かれたものがある）。

　1909明治42年、駐米公使を免ぜられ、1912大正元年に待命満期で退官。

　1910明治43年、伏見宮貞愛親王に随行して渡英。

　1917大正6年、再び貴族院議員に勅選され15年まで務めた。

　1926大正15年11月28日、死去。73歳。

　墓は岩手県西磐井郡真瀧村瑞川寺。

　参考：『明治時代史大辞典』吉川弘文館／『日本史辞典』角川書店／『現代女傑の解剖』九百里外史著1907万象堂／『興亜の礎石近世尊皇興亜先覚者列伝』大政翼賛会岩手県支部1944

2014.12.20 ───────────────────────────

民の本は農工商の隆盛にあり、十文字信介 (宮城県)

　このところ寒冷地ばかりでなく日本各地で大雪被害が相次いでいる。降り積もって災害をもたらす雪はスキー場の雪と違って、恐ろしいばかり。雪に閉じ込められ停電で寒さに震える地域に少しも早く電気が届きますように。天空に願いたい。降る雪を加減して銀世界と雪合戦を楽しめる程度に止めて。

　"十文字信介の機知　雪合戦に勝つ"

───（明治33年）大いに雪降り綿を飛ばすがごとし、海軍兵学校諸生徒は他日、帝国の＊干城を期するもの。気昂ぶり腕鳴り、少年隊と青年

隊の二隊に分かちて雪戦す。落花紛々、雪丸飛び霰（あられ）の如し、両隊苦戦……

*干城：国を守る者、転じて軍人、武士。

雪戦たけなわなるや朔風肌をさし手足凍結、両隊大いに悩む。信介走りて手桶に温湯を入れ、ひっさげて戦場に至る。之によりて少年隊は交々手を温め、寒さをしのぎ勝を得たり（『実業家奇聞録』1900実業之日本社）。

十文字　信介

先祖は奥州亘理郡（宮城県）十文字館の城主、のち仙台藩支封伊達安芸の居住地陸奥国涌谷（宮城県）に移住。涌谷伊達家の家臣となる。

五代目が南蛮流の砲術家として知られ、その子秀雄は砲術で伊達家の師範役になった。信介の父である。秀雄は江幡五郎（当ブログ2014.2.15）と親友。

1852嘉永5年11月、信介、陸奥国涌谷で生まれる。

1859安政6年、7歳で涌谷月将館に入り漢学を学ぶ。

1860万延元年、8歳で藩主の小姓となるが、口が達者で目上をはばからず銭庫に閉じ込められたこともある。

1862文久2年、10歳。家業の砲術を学び和銃の不利を悟り、父と鈴木大亮に西洋砲術を学び銃を毎日発射。そのため鼓膜が破れ、1866慶應2年まで4年間療養。

その間、嫌いだった読書に励み得る所多かった。中でもアメリカ独立の租ワシントンの伝記に感動、激しすぎる己の品行を顧みて反省。

1868慶応4年、16歳。戊辰戦争起こり、佐幕・勤王がぶつかり物情騒然。

信介は大義が勤皇にあるとして「勤皇」を腰刀に刻み奔走、佐幕派に挑み挫こうとしたが父に止められ思いとどまる。

1869明治2年、（開拓使）北海道開拓と経営の行政機関を東京に設置。

叔父の十文字栗軒、開拓使大主典として北海道赴任。これに随行し当地を見聞。

1871明治４年、上京。箕作秋坪に入門。英学を学んだ後、海軍兵学校に入学。

　雪合戦のエピソードはこの時のもの。ところが、激性胃腸病にかかり１年で退校。

　欧米の政治経済を学ぼうとしたが学資がなく、柴田昌吉と共に西洋人について書を読み政治経済を学んだ。

　＜農は国家の父母なり＞

　1873明治６年ころ、寺島参議が与えてくれた蔵書中の政書に「欧米政治の原は民にあり、民の本は農工商の隆盛にありて攻伐戦勝に非ざるなり」の一節があり、信介は、

「経済の要は実行にあり、経国の道は農業を発達するより急なるはなし、此業にして盛んならずんば日本の富強は期すべからず」と農桑山林牧畜を学ぼうと決心。

　？年、開拓使農学校に入学。しかし間もなく農学校は閉校になってしまう。

　信介は方針を変え、「農業経済真理の実験」を行う事にして駿河台（東京）旧吉川侯の屋敷跡の空き地500坪を借りて農業を始めた。

　農夫２人を雇い、自らも耕した。西洋野菜、西洋葡萄の類を植え付け種苗を販売した。野菜はキャベツ・ビート・セロリ・パセリ・トマト・苺など。他に鳥の飼育、事業は利潤もでて、生活の方も使用人一人、食客数人をおけるまでになった。

　＊津田仙が東京麻布に学農社を起こすと、これに加わり農書を学び『農業雑誌』の記者・編集長として刊行に尽力。『農学啓蒙』『農業科学』『小学読本農学啓蒙』を編著・翻訳。名が上がり広島県に招かれる。

　津田仙：農学者。明治最初の女子留学生、津田梅子の父。

＜広島県勧業課長、宮城県農学校長＞

　1878明治11年冬、広島県勧業課長になり赴任。

　広島に赴くとすぐに馬一匹と「小学読本」を買い求め、地理を覚え馬

で市街を一巡。

　勧業課長として殖産興業につとめる傍ら、農学の私塾を開くと、山陽はもちろん遠く故郷の宮城、北越からも子弟が集まり百名を超す人気であった。信介は喜んで毎朝5時起き、3時間の講義をしたが公立の農学校設立に尽力、私塾を閉じた。著作の教科書を安い値で販売しても版を重ね利益がでたので500円を宇品築港に寄付した。

　また、道路開削にも関心を寄せ、石洲街道開削に功があった。

＜十文字信介　井上馨を驚かす＞

　安芸の宮島付近の林、信介は猟銃でヤマシギを撃ち落とした。たまたま近くにいた井上馨参議が自分を狙撃したとして巡査に発砲者を探させた。

　巡査が信介を見つけると信介は、「予は＊海山猟夫十文字信介なり。シギは射ったがサギ（参議）は射たないと井上に報ぜよ」と。

　友人らは、信介生涯の大出来と賞した（『明治奇聞録』嬌溢生1911実業之日本社）。

　海山猟夫：家は砲術家なので狩猟にたくみで海山猟夫と号す。

　井上馨：長州藩士。大蔵省・外務省で実権を握り、政商保護・欧化政策・条約改正を主導し元老となる。

　1884明治17年、父の病気で帰郷。県の勧業課長と宮城農学校初代校長を兼任。

　1886明治19年、宮城郡長・仙台区長を兼任。

　1889明治22年、公務の合間に一首

　　　今日もまたよしあし原に分け入りて

　　　思ふかままにかりくらさなん

＜政治と実業＞

　1890明治23年、富田鉄之助（当ブログ2013.3.10）と松島に「松島倶楽部」を作り松島の風光明媚を発揚。

　7月、第1回総選挙。宮城3区からでて当選。大成会。

1891明治24年、第二義会解散。

　大成会再編問題が起き奥羽連合同志会を作る動きなどあったが、信介は議院を去る。

　1893明治26年春、銃器製造販売で実業界入り。

『猟銃新書：傍訓図解』を著し猟具館を開き事業経営。

　発明したものは、最新式石油発動機を輸入販売・鉄砲の製造・蒸気ポンプ・重過燐酸肥料・消火器・消毒噴霧器・改良農具など。

　1902明治35年、大日本農会第21回集会で、「農業家目下の急務」東北地方苹果（りんご）栽培の必要を演説。

　1908明治41年8月12日、死去。57歳。

　参考：『百家高評伝』久保田高三1895文寿堂書林 /『日本帝国国会議員正伝』木戸照陽編1890田中宋栄堂 /『宮城県国会候補者列伝』藻塩舎主人1890晩成書屋 /『宮城県国会候補者列伝：一名・撰挙便覧』日野欣二郎1890知足堂 /『明治時代史事典』2012吉川弘文館

狂歌百人一首、大田南畝（蜀山人）

　今年も纏まりのないブログを読んでくださってありがとうございます。新しい年2015平成27年が、皆さまにとってより良い年でありますように。

　気忙しい師走、うかうかしている間にもうすぐお正月。昔子どもだった頃、お正月には羽根付き、百人一首の絵札で坊主めくり、トランプもした。百人一首が好きになり全部覚えたらカルタ取りが楽しくて毎日でもしたかった。でも、札をとれない弟妹が「つまんない」と言うし、読み手の大人も忙しいといつの間にかしなくなった。

　現代の遊びは何もかもゲームに取って代わられたようで、のどかな遊び風景は滅多にみられない。今どきの子は目の前に人が居なくても一人で遊べる。スマホやゲーム機なら相手の顔色を窺わずにすんで気楽だ。だ

けど人付き合いの練習はいつ何処でする。

　百人一首といえば「小倉百人一首」が有名。

　他に狂歌百人一首・百人一句・百人一詩など変わり種、茶化したり皮肉ったりもあったが罪に問われなかった。ところが、発売禁止になった百人一首があったと『有閑法学』（1934日本評論社）にでていた。

　──1693元禄6年「芝居百人一首」と題して出版すると、書物奉行・服部甚太夫に「卑しき河原者をやんごとなき小倉の撰にまねして憚りあり」と注意を受けた。そこで「四場居色競」と改題、しかし体裁は変えなかったのでさらに町奉行・能勢出雲守より発売を禁じられ、版元の平兵衛は軽追放に処せられた。

　数十部売り出したところで禁書になった「芝居百人一首」（四場居色競）現存するものがごく僅かで、それを演芸珍書刊行会が複製1914大正3年に出版した。その複製原本の持主が関根只誠という人で、彼が書き込んだ奥書により発禁の理由が分かったのである。

『有閑法学』著者、**穂積重遠**は、明治・大正・昭和期の民法学者。戦後、最高裁判所判事になった人。法律学者と百人一首は結びつきにくいが、穂積は

　──「法律家だって笑い話くらい読む……一口話とか川柳を読んで頭が権利義務の化石化するのを防いでいる」というユーモアの持主。まだ女性に参政権の無い時代、女性参政権の法律が議会を通過しなかったのを残念がる所もある。

　裁判所ではないがお堅い役所に勤めながら笑いを文化にしたのが、江戸後期の文人、大田南畝（蜀山人）。

　幕府の能吏でありながら、各方面の文人・芸能人と交わり、江戸市民文化の中心となり多くの作品を残した。その中の「狂歌百人一首」から、つい笑ってしまったものを抜粋。

　国会図書館デジタルコレクション『大田南畝集』で他にもいろいろ愉しめる。

　ちなみに、並び順は、第一首・天智天皇からはじまり第百首・順徳院

まで「小倉百人一首」と全く同じ。選者に諸説あるが、並び順は定着しているようだ。

<狂歌百人一首>　蜀山人

秋の田のかりほの庵の歌がるた　とりそこなつて雪はふりつつ　　天智天皇

いかほどの洗濯なればかぐ山で　衣ほすてふ持統天皇　持統天皇

あし引の山鳥のをの＊しだりがほ　人丸ばかり歌よみでなし　柿本人丸
　　＊したり顔

白妙のふじの御詠（ぎよえい）で赤ひとの　鼻の高ねに雪はふりつつ

　　　　　　　　　　　　　　　　　　　　　　　　　　　　山部赤人

鳴く鹿の声聞くたびに涙ぐみ　猿丸太夫いかい愁たん　猿丸太夫

わが庵は都の辰巳午ひつじ　申酉戌亥子丑寅う治　喜撰法師

ここまでは漕出けれどことづてを　一寸たのみたい海士の釣舟　参議篁

吹きとぢよ乙女の姿暫とは　まだ未練なるむねさだのぬし　僧正遍昭

みなの川みなうそばかりいふ中に　恋ぞ積もりて淵はげうさん　陽成院

陸奥のしのぶもぢもぢわが事を　われならなくになどと紛らす

　　　　　　　　　　　　　　　　　　　　　　　　　　　　河原左大臣

月見れば千々に芋こそ食いたけれ　我身一人のすきにはあらねど

　　　　　　　　　　　　　　　　　　　　　　　　　　　　大江千里

このたびはぬさも取敢ず手向山　まだその上にさい銭もなし　菅家

山里は冬ぞさびしさまさりける　やはり市中がにぎやかでよい

　　　　　　　　　　　　　　　　　　　　　　　　　　　　源宗于朝臣

心あてに吸ははばや吸はん初しもの　昆布まどはせる塩だしの汁

　　　　　　　　　　　　　　　　　　　　　　　　　　　　凡河内躬恒

ひさかたの光のどけき春の日に　紀の友則がひるね一時　紀友則

忘らるる身をば思はず誓ひてし　人のいのちの世話ばかりする　右近

徳利はよこにこけしに豆腐汁　あまりてなどか酒のこひしき　参議等

由良のとを渡る舟人菓子をたべ　お茶のかはりに塩水を飲む　曾禰好忠

瀧の音は絶えて久しくなりぬると　いふはいかなる旱魃のとし

大納言公任

あらざらん未来のためのくりごとに　今一度の逢ふこともがな　和泉式部

名ばかりは*五十四帖にあらはせる　雲がくれにし夜半の月かな　紫式部

　*源氏物語に「雲隠の巻」あり名のみにて文なし

大江山いく野のみちのとほければ　酒呑童子のいびききこえず

小式部内侍

夜を籠めて鳥のまねして　まづよしにせい少納言よく知つている

清少納言

友もなく酒をもなしに眺めなば　いやになるべき夜半の月かな　三条院

淡路島かよふ千鳥の鳴く声に　また寝酒のむ須磨の関守　源兼昌

何ゆゑか西行ほどの強勇が　月の影にてしほしほとなく　西行法師

波かぜの常にかはれば渚こぐ　あまの小舟の船人かなしも　鎌倉右大臣

定家どのさても気ながくこぬ人と　知りてまつほの浦のゆふ暮

権中納言定家

風そよぐならの小川の夕ぐれに　薄着をしたる家隆くっしゃみ

正三位家隆

後鳥羽どのことばつづきの面白く　世を思ふゆゑに物思ふ身は

後鳥羽院

百色（ももいろ）の御歌のとんとおしまひに　ももしきやとは妙に出あつた

順徳院

2020.05.18

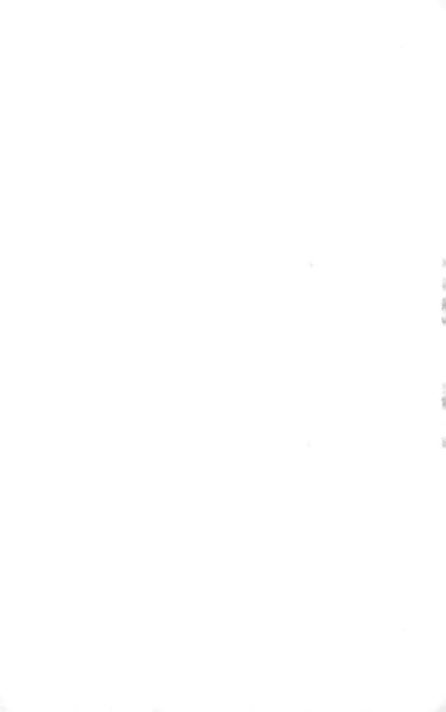

中井けやき（なかい・けやき）

1942年、東京に生まれる。

1992年、法政大学通信教育部文学部史学科卒業。

著書『明治の兄弟　柴太一郎、東海散士柴四朗、柴五郎』(2008年)、『明治の一郎　山東直砥』(2018年)、私家版『安行植木と農業ノート&ある明治人の生涯』(1998年)、『川口大百科事典』(1999年）植木と農業を分担執筆。川口市立新郷図書館便り「ぶっくす」が廃止になるまで10年間、コラム〈本は呼んでいる〉を寄稿。趣味は卓球。江戸東京博物館ボランティア展示ガイドを6年間。川口市点訳あいの会に5年間。

けやきのブログⅡ　http://www.keyakinokaze.cocolog-nifty.com/

明治大正人物列伝 66

2020 年 12 月　発行

著　者　中井けやき

発行人　藤田昌平

発　行　株式会社百年書房

〒130-0021　東京都墨田区緑 1-13-2 山崎ビル 201

TEL　03-6666-9594

http://100shobo.com